气排球训练技巧与教学实践

安　宁◎著

吉林出版集团股份有限公司

图书在版编目（CIP）数据

气排球训练技巧与教学实践 / 安宁著. — 长春 ：
吉林出版集团股份有限公司，2024.3

ISBN 978-7-5731-4696-0

Ⅰ. ①气… Ⅱ. ①安… Ⅲ. ①排球运动－运动训练－
教学研究 Ⅳ. ①G842.2

中国国家版本馆 CIP 数据核字（2024）第 060391 号

气排球训练技巧与教学实践
QI PAIQIU XUNLIAN JIQIAO YU JIAOXUE SHIJIAN

著　　者　安　宁
责任编辑　曲珊珊
封面设计　林　吉
开　　本　710mm×1000mm　　1/16
字　　数　220 千
印　　张　17
版　　次　2024 年 3 月第 1 版
印　　次　2024 年 3 月第 1 次印刷

出版发行　吉林出版集团股份有限公司
电　　话　总编办：010-63109269
　　　　　发行部：010-63109269
印　　刷　廊坊市广阳区九洲印刷厂

ISBN 978-7-5731-4696-0　　定价：78.00 元

前　言

气排球是我国土生土长的排球运动衍生项目，从 1984 年至今，已走过 40 年的发展历程。由于场地、器材、规则等方面的特点，气排球被认为是一项适宜各个年龄段人群参与的健身项目。2012 年，国家体育总局开始大力支持气排球运动的发展，并将其作为全民健身推广项目之一。气排球活动已由最初的老年人参与发展到现在的各个年龄段人群参与其中的健身活动。

如今，气排球已经进入广大的校园，很多学校都把气排球列为学校的体育教学与活动项目之一。尤其是许多高校的体育院系看到这一项目的发展潜力和社会推广的人才需求，将之列入了体育专业学习者的教学计划当中。气排球与六人制竞技排球存在许多不同，体育专业学习者作为气排球运动推广的后备力量，需要能较好地掌握这一项目的基本技术、基础战术和相关基本技能。

随着教育形式的改变，高校体育教学也在不断优化和完善。作为高校必修课，体育课程的开展有利于高校学习者获得全面发展，优化气排球教学是顺应时代教育诉求的表现，其不仅有利于改进气排球教学实践，解决学校气排球教学过程中所面临的问题，还能够使教练对高校的体育教学不断深入反思，探究如何更为有效地开展气排球教学，以充分发挥气排球运动的优势，进而促进学习者的健康发展，促进高校气排球教学朝着更加优化的方向发展。

由于笔者水平有限，本书难免存在不妥甚至谬误之处，敬请广大学界同仁与读者朋友批评指正。

安　宁

2024 年 1 月

目　录

第一章　气排球运动概述

第一节　气排球运动简介

气排球运动是排球运动的衍生项目，参与者可以以身体的任何部位（手、手臂为主）击球，使球不落地，既可隔网进行集体的攻防对抗性的比赛，也可不设球网相互进行击球游戏。它作为排球运动家族的成员，既具有排球运动的相关特性，也具有自身的一些特性。

一、气排球运动的特性

（一）气排球运动特性

1. 独特的空中击球技术

在无网击球游戏和比赛中，无论是接对方的球还是接本方同伴的球，抑或是抛起发球等各种击球方式，都是击空中飞行的球，因此，参加气排球运动的人，要具有高度的时间感和空间感。

2. 击球时触球时间短促

不允许“持球”，即不允许球在击球部位（如手等）停留时间过长。

因此，运动者既要有在短暂的触球时间内，对来球的力量、速度、角度等因素的判断能力，又要有将球准确地击向预定目标的控制能力。

3. 全身各部位均可击球

与其他排球运动一样，气排球竞赛规则允许运动员全身任何部位触球。因此，参加气排球活动的人，在击球过程中能充分体现自我才能和展现各种高超的击球技术。

4. 独特的得分和失分计算

在运用各种技术动作时，都能直接得分或直接失分。因此，运动员要具有扎实的基本功，全面、熟练地掌握技术，以提高成功率，降低失误率，这也是排球比赛中不可忽视的制胜因素。

5. 战术配合时触球次数的有限性

隔网对抗时，每一次战术配合只能在 3 次击球次数内完成。因此，运动员要具有高度的战术意识和与队员默契配合的能力。

（二）气排球运动的自身特性

1. 球体大

圆周长为 72 ~ 78 厘米（硬排、沙排、软排均为 65 ~ 67 厘米），手接触球部位增大，易控制球，易发力。

2. 球量轻

重量为 120 ~ 140 克（软排为 170 ~ 190 克，硬排、沙排均为

260 ~ 280 克），不用大力击球，易起球。

3. 球压小

气压为 0.15 ~ 0.18 千克 / 平方厘米（沙排为 0.175 ~ 0.225 千克 / 平方厘米，硬排球为 0.30 ~ 0.325 千克 / 平方厘米），手感好，易熟悉球性。

4. 球质软

薄皮包裹内胆（软排内裹海绵，沙排、硬排为皮革或人造革），接触时没有疼痛感，不伤手指，解除“怕痛”心理。

5. 球性好

球体弹性足，软中有刚，易传高球（软排弹性松软，需借力；硬排手指承力大，有疼痛感，易受伤）。

6. 球速慢

球飞行时飘度大、滞空时间长，球落地较慢，易移动击球（硬排球速度快；软排沉重下落快）。

7. 球场小

长 12 米，宽 6 米（沙排 16 米 ×8 米；软排 A 制 18 米 ×8 米，B 制 18 米 ×9 米；硬排 18 米 ×9 米），在传、扣或防守时，不需要大范围助跑和移动；为避免出界也不需大力量发球、扣球。场地还可套用羽毛球场地（长 13.4 米，宽 6.10 米）。

8. 易上手

气排球上手技术要求不高，规则简单易行，一学就会。对于没有排球技术基础的各个年龄段初学者，尤其是对中老年和少年儿童而言，不会有太大的难度。

总之，气排球活动难度不大，上手技术要求不高，不伤手指，安全性较高。比赛中来回球增多，既提高了活动的兴趣性、欢快性和激烈性，又保证了一定的运动量；既可以提高参与者的体力，又能够保持和提高身体的灵活性，适合不同年龄段人群的参与。

二、气排球的比赛方法

（一）比赛的组别

按照“超级杯”赛的规定，气排球运动赛事一般分为四个组别：60 周岁以上的为老年组，45 ~ 59 岁的为中年组，24 ~ 44 岁的为青年组，各高校具有学籍的在校全日制学生为大学生组。在各类基层比赛中，一般会根据赛事组织针对的人群，来进行年龄组别的设定。如一些邀请赛就会设立中老年组和青年组，中老年组男子为 50 ~ 65 周岁，女子为 45 ~ 60 周岁；青年组男子为 35 ~ 49 周岁，女子为 30 ~ 44 岁。

（二）比赛的特殊规则

1. 比赛人数

青年（大学生）组比赛为 4 人制；中年组、老年组比赛为 5 人制。

2. 比赛网高

中青年（大学生）男子组 2.1 米，中青年（大学生）女子组 1.9 米；老年男子组 2.0 米，老年女子组 1.8 米。

（三）比赛方法

气排球运动的比赛方法是多种多样的。基本方法是由两支人数相等的球队在被球网隔开的两块均等的场区内站成前后两排，根据规则以身体的任何部位将球从网上击入对方场区。比赛开始时，由后排 1 号位队员在发球区发球过网后，每方最多击球 3 次（拦网除外）使球过网，不能“持球”或“连击”，必须在两米线后扣球过网，在前场区进行进攻性击球或击球过网时，球必须有明显向上的弧度。比赛应不间断地进行，直至球落地、出界或某队犯规。发球队获得发球权或获得一分后，必须按顺时针方向轮转一个位置，由轮转到 1 号位的队员发球。

比赛采用每球得分制和三局两胜制。

三、气排球运动的功能

（一）增进健康，强健体魄

气排球运动娱乐与竞技并存，不同年龄、不同性别、不同技术水平的人都能参与，或活动，或比赛。经常参加气排球活动，不仅能改善人体中枢神经系统和内脏器官的功能状况，还能提高人的力量、速度、灵敏度、弹跳力、耐力等身体素质和活动能力。尤其对中老年人来说，气排球场地不大，跑动距离不长，活动量适中，中老年人参加这项活动时，肢体始终处在运动状态，不仅能够壮腿强脚，而且能起到锻炼关节、活络血脉、强壮器官、抵抗衰老的作用。

（二）培养团结协作、和谐向上的团队精神

气排球比赛是一项靠全队互相弥补、集体配合取胜的球类竞赛项目，个人的优势、特点均要在同伴的配合下才能发挥得淋漓尽致，也只有如此才能获得比赛的胜利。这就要求运动员在比赛中能随时准备保护同伴击出的非到位球，同时还要为下一次击球的同伴创造便利条件。因此，参加气排球活动，可以很好地培养人的团队意识和团结协作的集体主义精神。

（三）提高人的信息反应、传递和应变的能力

作为排球运动大家庭的一员，气排球运动也是一项依靠判断的运动，准确的判断是比赛制胜的重要因素之一。判断的基础是“眼观六路”“耳听八方”，通过观察对方及同伴的动作，以及击球的速度和方向、场上的布局，来预测将要发生的情况，迅速应变，做出决策。而且气排球是一项集体运动，要求场上的每一个人都要不断观察同伴的意图，默契配合，及时应变，在规则范围内合理动作。所以，经常参加气排球活动，在强身健体、愉悦身心的同时，还能有效提高人的观察能力、分析能力和应变能力。

（四）培养和锻炼良好的心理素质

参加气排球活动，还能学到很多控制自己情绪和调节自身心理的手段和方法。在气排球比赛中，比赛情况瞬息变化，自身失误、裁判员漏判或误判等各种情况都有可能发生。失误时，要使自己尽快冷静，积极应对，不灰心、不气馁；比赛的关键时刻，要让自己充满自信，进攻不手软；当裁判员判罚对己不利时，要做到不急、不躁、不指责。这些都有利于增强人的心理承受力、环境适应力和处事调节力，从而提升人的心理素质。

第二节　气排球运动的起源与发展

一、气排球运动的起源

气排球是我国土生土长的运动项目。在 1984 年，呼和浩特铁路局集宁分局的离退休人员为了丰富他们的晚年生活，在受春节联欢晚会上吹气球游艺活动的启发后，首先用气球进行隔网对打游戏。随后这一游戏改用儿童玩具塑料球代替气球，并逐步在呼和浩特铁路局内开展起来。后来他们又制定了简单的、没有文字资料的比赛规则，并将此项运动列为全局老年人运动会的比赛项目。

二、气排球运动的发展

（一）宣传与推广阶段（1989 年 9 月—2004 年 9 月）

1989 年 9 月，中国火车头老年人体协第一副主席韩统武观看了在呼和浩特铁路局举办的第四届全局老年人运动会气排球比赛后，认为这种运动形式非常好，可在全路段进行推广。1991 年 6 月，在北京召开中国火车头老年人体协第三次会议期间，呼和浩特铁路局气排球队做了介绍性表演，深受与会者的欢迎，会议决定使之成为正式的群众性健身活动项目。1991 年 10 月，中国火车头老年人体协通过考察，编写了我国第一本《气排球竞赛规则》，同时在上海特制了“火车头”牌比赛用球，自此，气排球运动开始走上规范化道路。

1992 年 3 月 17—19 日，第一期全国铁路气排球学习班在湖北省武汉市举办，培养出我国第一批气排球教练员和裁判员。同年 11 月 10—15 日，武汉铁路分局举办了首届铁路老年人气排球比赛，有 7 支男队、6 支女队参加了比赛。从此，气排球运动在我国正式发展起来。

1993 年 3 月 4 日，中国第一个气排球协会组织——火车头老年人气排球协会在北京市成立。之后，呼和浩特、北京、济南、郑州、兰州、成都、柳州等铁路局先后举办了全局或分局的气排球培训班和比赛，气排球运动在铁路系统得到蓬勃开展，铁路老年人气排球赛成为每年一届的常规赛事。在之后的比赛中，各分会不仅参赛的代表队逐年增多，而且运动水平也在不断提高。9 人制排球中的勾手大力发球、双手捧球等技术被频频使用，气排球参赛队员还创造了独特的翻顶球、扒球技术；有些队还组织比较灵活的“中一二”“边一二”及“两次球”进攻战术。

1995 年 5 月 16 日，时任国际奥委会主席萨马兰奇先生在天津出席第 43 届世乒赛期间，由国家体委主任和火车头体协领导等陪同，视察我国铁路职工群体活动的开展情况和铁道科学院气排球队的演示。

1999年1月21—24日，中国老年人体协委托火车头气排协在河南省郑州市举办了第一期全国老年人气排球培训班，来自全国各省、自治区、直辖市和行业体协等单位共计56人成为首期学员。同年9月，中央电视台《夕阳红》栏目连续几期播放了铁路局老年人气排球电视教学片。培训班的举办和教学片的播放，在全国范围内产生了较大影响。气排球运动很快在北京、浙江、福建、上海、云南、广东、广西、四川等省、自治区、直辖市传播开来。

（二）普及与提高阶段（2004年10月—2014年12月）

此时期，气排球运动在国内得到了蓬勃发展，并开始走向国际。气排球运动迅速发展的原因：一是这项运动在全国各地、各行各业中逐步得到推广，运动参与人群逐渐由老年人向中青年发展，北京、上海、湖南、广西、江苏等省、自治区、直辖市还确定在青少年中发展气排球运动。二是中国老年人体协在赛事交流、裁判培养、组织管理等方面开展了大量工作，并加强了与国家排管中心的沟通和交流，使得气排球运动发展更加科学化、规范化。从2012年开始，国家体育总局每年下拨专项经费来支持气排球运动。

1.成立专门工作机构，争取国家排球管理中心支持，促进气排球运动科学、规范发展

2007 年 12 月，中国老年人体协成立老年排球技术工作组，并明确了各成员的主要工作和职责，以加强对气排球科学化、规范化和适宜性、适用性、安全性的研究和指导。

2011 年 10 月 27 日，中国老年人体协气排球专项委员会授牌仪式暨第一次会议在广西南宁举行。亚洲排球联合会副主席、国家体育总局排球运动管理中心竞赛部领导均到会祝贺。

2012 年 11 月 26 日，中国老年人体协气排球专项委员会第二次会议在江苏省苏州市召开。

2013 年 4 月 13 日，中国老年人体协下发《关于开展命名全国老年排球之乡活动的通知》。2013 年 11 月 23 日，中国老年人体协气排球专委会年会暨气排球之乡命名经验交流会在浙江海宁召开。江苏省太仓市，浙江省东阳市、海宁市、宁波市奉化市（现宁波市奉化区）、松阳县，福建省晋江市、莆田市荔城区、莆田市涵江区、厦门市思明区，江西省南康市、德兴市，广西壮族自治区玉林市玉州区，四川省成都市青羊区，广东省深圳市南山区等共 14 个县市区被命名为“全国气排球之乡”，并被授予了命名牌匾。

2014 年 3 月 10 日，中国老年人体协、中国排球协会联合下发了《关于 2014 年全国老年人气排球交流活动规程的通知》，将交流活动分三个阶段来进行。第一阶段由各省、自治区、直辖市、计划单列市、新疆生产建设兵团及各行业老年人体协自行组织交流，规程自定，裁判员自派，经费自筹。第二阶段进行分区交流，全国分三个区进行。第三阶段进行总交流。

2014 年 5 月 20 日，第一届全国老年人气排球之乡交流活动专题协调会召开。会议指出交流活动的四个原则是：体现创新性、示范性和可持续性；既要有球艺交流，又要有推广、建设和组织的工作交流；与旅游相结合，增强吸引力和凝聚力；参加单位经费自理，自带裁判，争取社会支持。

2014 年 10 月 17—21 日，首次“全国老年气排球之乡”交流活动在福建省晋江市举行，来自江苏、浙江、江西、四川、广西、福建等省（区市）的 14 个全国首批命名“全国老年气排球之乡”的 28 支男、女代表队参加了交流。

2. 各级各类赛事和交流活动频繁开展，形成丰富多彩的气排球文化

2004 年 10 月 23—26 日，中国老年人体协主办的全国首届老年人气排球比赛在浙江省丽水市举行。全国有 23 个省、市、行业的 18 支女队、23 支男队参加比赛。地区覆盖大半个中国。此后，该项赛事成为中国老年体协每年一届的常规赛事。

2005 年 8 月至 2012 年 7 月，中国气排球联谊会在昆明市举行了两届“鑫夕阳春城杯”全国气排球邀请赛，此项赛事也成为老年气排球的一项常规赛事。

2008 年 7 月，华东地区首届部分省、市“全民健身与奥运同行”气排球文化研讨活动在浙江省临安天目山举行，浙江、福建、上海三省、市的23支男、女队参加比赛，并首次举办了气排球文化理论研讨会。此后，这项活动成为华东地区每年一次的常规气排球活动，年龄组也逐渐增加为老年和中年两个组别，开始倡导“比赛、研讨、旅游”三结合的组织活动形式。

2009 年 9 月至 2012 年 11 月，浙江建德市老体协气排球协会在新安江市举行了“新旅杯”全国气排球邀请赛，此后每年举办一次，设有老年组、中青组、家庭组三个组别。

2009 年 10 月 13—16 日，第一届全国老年人体育健身大会气排球项目交流活动在山东威海举行，来自全国各地的 33 支男队（287 人）和 32 支女队（278 人）参加了此处交流，并表现出各自不同的风格。最终，上海等地的 10 支男队、北京等地的 10 支男队和河北等地的 12 支男队分获男子金奖、银奖、铜奖。北京等地的 10 支女队、山西等地的 10 支女队和河北等地的 12 支女队分获女子金奖、银奖、铜奖。

2010 年 7 月 20—26 日，由浙江气排界领军人物章本序先生等人牵头组织，在浙江磐安县乌石村举办了首届全国气排球夏令营活动，共有 63 支中老年男、女气排球队计 600 多人参加。夏令营活动集比赛、论坛、旅游、文娱等形式为一体。如今，这项活动已成为全国气排球爱好者一年一度的盛会之一，参加者来自全国各地、各行各业，这不仅有效促进了全国各地的球友交流，增进了友谊，切磋了技术，还有力地拉动了地方经济的发展。

2011 年元旦，由北京市中老年健身排球俱乐部技术推广组主编的《气排球与健身排球》印刷出版。全书约 6 万字，400 多幅图片，是一部生动记录、忠实见证气排球运动的史料和文献。

2011 年 4 月，广西体育代表团一行赴台湾地区的花莲、高雄等地进行交流访问，将气排球带到台湾地区，并在当地举办了气排球赛。气排球让台湾地区的民众和媒体记者新奇不已，并产生了浓厚兴趣，广西体育代表团所带的近百个气排球也被分抢一空。

2011 年 7 月 18 日，由国家体育总局青少年司、教育部体卫艺司主办的阳光体育全国青少年体育俱乐部比赛在福建漳州举行，气排球项目被列为竞赛项目之一，这也标志着气排球运动开始逐步在青少年中得到推广。

2011 年 10 月，浙江省富阳市（现浙江省富阳区）气排球俱乐部举办了全国沙滩气排球邀请赛。

2012 年 8 月 30 日，中国老年人体协气排球专委会在北京向出席亚排联东区的日本、韩国、蒙古国等国，及我国的台湾、香港、澳门地区的官员和参加比赛的代表队赠送了气排球和中、英文气排球竞赛规则，并邀请代表们参加 2014 年在中国举办的国际气排球邀请赛。

2013 年 10 月 25—30 日，“公路杯”全国气排球邀请赛在江西宜春举行，来自全国各地的 31 支男队、37 支女队参加了比赛。最终，福建厦门海沧等地的 16 支男队、山东烟台等地的 18 支女队获得金奖，武汉二七等地的 15 支男队、上海陆凌等地的 18 支女队获得银奖。

2013 年 11 月 6—8 日，首届苏、鲁、豫、皖四省城市协作区老年人气排球比赛在江苏徐州举行。来自以上四省的 15 个老年人体协，男、女 25 支代表队，共计 200 名运动员参加了比赛。

表 1–1　本阶段规模化、常态化的全国性气排球比赛、交流活动①

序号	赛事或活动名称	主办单位	时间	特点
1	气排球比赛或展示活动	中国老年人体协	每年的 9—11 月	每年一次，全国各地气排球参与者切磋球艺，进行技术、战术交流
2	火车头体协老年人气排球比赛	中国火车头体协	每年的上半年、下半年	男女比赛分别在不同时段、不同地点举行，是届数最多、规模较大的行业赛事

① 谭洁：《气排球运动教程》，湖南师范大学出版社 2017 年版，第 82 页 .

续表

序号	赛事或活动名称	主办单位	时间	特点
3	华东地区部分省市气排球文化研讨活动暨全球气排球邀请赛		每年的7月或8月	跨地区、行业活动，自愿报名参加。队数多、时间长、规模大。比赛、论坛、旅游相结合
4	“鑫夕阳春城杯”全国邀请赛	云南省（中国）气排球联谊理事会	每年的7月或8月	跨国别、地区、行业的赛事，自愿报名参加。分老年、中年、青年三个组别，参加的民族最多，近邻越南、老挝等组队参加
5	全国气排球夏令营活动	台州市气排球协会	每年的7月或8月	跨地区、行业活动。设老年、中年、青年三个组别，自由组合报名参加。吃住在农家，集避暑休闲、文化研讨、娱乐交友、联欢互动于一体
6	“新电旅游杯”全国气排球邀请赛	浙江建德、浙江新安江水电厂旅游公司等单位联合举办	每年的上半年、下半年各举办一次	设老年、中青年、家庭组，比赛与旅游相结合
7	全国沙滩气排球邀请赛	富阳市气排球俱乐部	每年的7月或8月	设老年组、中老年混合组、男女混合组
8	全国气（轻）排球邀请赛	南平市政府、国家体育总局社体中心		一年一届，交流对象主要是中青年

2014年11月14—16日，“南山杯”气排球邀请赛在深圳蛇口举行。来自北京、浙江、湖南、广东、广西、海南、江西、中国香港、中国澳门、中国台湾等36支男、女代表队共计300名运动员参加了比赛。

3. 规则逐步完善，裁判队伍进一步壮大

2005年7月，中国老年人体协审定了《老年气排球竞赛规则》，并在全国比赛中试行，进一步指导和规范气排球各项赛事。

2007年4月18日，中国老年人体协下发《关于颁布实施〈气排球裁判员技术等级制度（试行）〉的通知》，按照规定实施各级裁判员的申报和审批工作。

2009年6月9日，经中国老年人体协主办的裁判员培训班考核，并根据《关于颁发实施〈老年排球裁判员等级制度（试行）〉的通知》（2007）要求，有13人在成绩合格及各项材料审核通过后，成为我国首批气排球裁判员。其中，7人成为气排球国家级裁判员，6人成为气排球荣誉裁判员。

2011年5月15—18日，由中国老年人体协主办，江苏老年人体协、常州市武进区体育局、常州市武进区老年人体协承办的2011年全国老年人气排球裁判员、教练员培训班（第二期）在常州市武进区举办。

2011年11月，中国老年体协气排球专委会在苏州市首次举办了无网气排球活动学习班，并公布了《老年气排球65 ~ 75岁年龄组无网气排球规则（试行方案）》。与现行规则的不同之处有以下几点：（1）无网。（2）下手发球。（3）发球和击球后，球必须落在对方后场区。（4）击球过中线时，球必须要有明显向上的弧度。（5）比赛中，队员不允许跳起击球。

2012年2月7日，公布了马旭云等26人为第二批气排球国家级裁判员，王少韩等10人为气排球荣誉裁判员。考核合格但不具备申报国家级裁判员资格（未获得一级裁判员资格）的人员，可由省级老年人体协根据实际情况和项目发展需要批准为一级裁判员。

2012年3月，中国老年体协气排球专委会公布了《关于对2005年〈老年气排球竞赛规则〉有关条款的修改意见》（征求意见稿）。修改意见共9条：（1）球网高度。（2）球。（3）球队组成。（4）队员的位置。（5）过中线。（6）触网。（7）进攻性击球的特性。（8）拦网。（9）决胜局。

2012年6月10—14日，全国老年人气排球裁判员培训班在山东潍坊举行，由程战铭、黎禾分别授课，92名学员参加了培训（包括10名国家级裁判员）。2012年10月，中国老年人体协公布了53人为第二批气排球国家级裁判员（女16人、男37人）。

2013年6月29日—7月2日，全国老年气排球裁判员培训班在浙江东阳举办。共有146名学员参加，其中包含51名国家级裁判员。

2013年11月，经中国排球协会审定的中文版和英文版的《气排球竞赛规则》由北京体育大学出版社正式出版。该规则除前言外，分“器材与设备”“比赛参赛者”“比赛方法”“比赛行为”“比赛间断与延误比赛”“不良行为”“裁判员及其职责与法定手势”共七章，并有“裁判员手势图”“气排球比赛记分表”两个附件。英文版规则的出版，也有利于气排球更好地走出国门，向世界推广。

2014年5月27日，全国老年人气排球教练员培训班在成都市青羊区开班，全国100多名学员参加了培训。

2014年12月16日，中国排球协会在漳州举办了首次气排球项目裁判员培训班，整个培训工作围绕气排球竞赛规则学习、气排球裁判员工作方法与程序、气排球裁判员临场配合、气排球司线员工作方法、气排球记录员工作方法等方面展开。

（三）迅猛发展时期（2015年至今）

自2015年以来，气排球运动在全国各地快速发展。在原有各级各类赛事不断的基础上，许多新的赛事陆续涌现，各种活动精彩纷呈。国家排球运动管理中心也加大了对气排球发展的支持力度，将其纳入了工作日程，并于当年牵头举办了全国“超级杯”气排球联赛。

全国“超级杯”气排球联赛分老年组、中年组、青年组和大学生组四个组别，老年组和中年组采用五人制，青年组和大学生组采用四人制。比赛分大众海选赛、分区赛和总决赛三个阶段。海选赛由各省市、行业体协自定规程，自行举办，选拔出参加分区赛的队伍。比赛分山东赛区、湖南赛区、浙江赛区、老年赛区和大学生赛区，其中老年赛区和大学生赛区的竞赛由中国老年人体协、中国学生体育联合会排球分会分别负责，所有分区赛由分赛区根据本赛区的实际情况来制定竞赛规程，经中国排球协会审核后统一公布下发。各分赛区的比赛，由排球运动管理中心安排仲裁人员到各地协助、指导工作。

排球运动管理中心的加入，使得国内气排球的发展更加专业、科学和规范，各地市、行业协会开展气排球工作得到了各地排球协会的指导和支持。中国排球协会在其官方网站的大众排球专栏设置了气排球子栏目，全国气排球爱好者可以在上面查到相关赛事通知、赛事系列报道和各地气排球活动开展的新闻，了解各地气排球运动开展的情况。气排球运动自此开始走上发展的快车道。

2015 年 11 月 26—30 日，在海选赛、分区赛过后，天翔“超级杯”全国气排球联赛中青年组总决赛在福州市的福建省奥林匹克体育中心开战，来自全国近 80 支参赛队、800 余名选手在 3 天的比赛日中各展风采，交流了球技，促进了友谊，实现了气排球给予大众健康、快乐、阳光的体育运动生活的目的。中央电视台派出摄制小组，拍摄了新闻和专题片；福建电视台 TV8 连续滚动直播 3 小时。福建省漳州长泰气排球协会代表队、湖南省楚唯气排球俱乐部代表队、湖南省株洲市代表队、福建省生顺排球俱乐部代表队分别获得男子青年组 1 ~ 4 名。福建省漳州长泰气排球协会代表队、福建闽中真田代表队、湖北省代表队、浙江省奉化代表队分别获得男子中年组 1 ~ 4 名。湖南省顺之队、浙江省温岭市代表队、福建省漳州长泰气排球协会代表队、浙江省东阳市代表队分别获得女子青年组 1 ～ 4 名。福建省晋江气排球协会代表队、云南省代表队、福建省闽中真田代表队、广东省代表队分别获得女子中年组 1 ～ 4 名。12 月 24—27 日，大学生组比赛在深圳市南山文体中心落下战幕，湖南师范大学、福建师范大学、南昌大学、中国政法大学、武汉体育学院和华东交通大学分别获得男子专业组 1 ～ 6 名。福建农业大学、南京信息工程大学、广东药学院分别获得男子团体组三甲。福建师范大学获得女子专业组冠军。福建农业大学、香港地区的香港大学、广东药学院和南京中医药大学分别获得女子团体组 1 ～ 4 名。

全国“超级杯”气排球联赛参与对象广泛，涉及各行各业、不同年龄阶段。赛事的连续举办将有力促进气排球运动在各行各业的开展。尤其是大学生组别的设置，这是前所未有的。此举将大大改变气排球运动在高校开展不力的情况，掀起高校发展气排球运动的风潮。

2016 年，“超级杯”分区赛分为四个赛区，由各省、自治区、直辖市体育局（含体育总会、排球协会、群体处、社体中心等），各行业体协、解放军、香港地区和澳门地区等分别选派男、女各组别 3 支球队，在统一划分的赛区参加分区赛。山东烟台赛区由山东、北京、天津、河北、山西、辽宁、黑龙江、宁夏、甘肃、解放军队等参加比赛；安徽池州赛区由安徽、内蒙古、上海、江苏、浙江、河南、湖北、陕西、煤矿体协、电力体协等队参加比赛；江西婺源赛区由江西、福建、湖南、广东、深圳、中国香港、中国澳门、火车头体协、通信体协、航空体协等队参加比赛；云南大理赛区由云南、广西、海南、重庆、四川、贵州、西藏、新疆、青海、前卫体协等队参加比赛。

这一年，随着国家体育总局对气排球这一项目的认识和重视，中小学气排球运动的发展开始受到重视。相对以往的室内排球，气排球更适合小学阶段的学生入门学习。气排球是一项非常适合初学者学习的体育运动项目，其趣味性强，不但能够充分保障学生在学习过程中的安全性，更能提高小学生坚持户外体育活动的积极性。2016 年 5 月，江苏徐州铜山区成功举办了小学生“百队、千人气排球”大赛，来自全区 105 支小学生气排球队，共 1200 名参赛者参加了 271 场比赛。2016 年 7 月 9—10 日，由中国排球协会、中国中学生体育协会排球分会联合主办的“北京凯文学校杯”全国青少年气排球夏令营（北京站邀请赛）在北京凯文学校举行。全国青少年气排球夏令营活动的推广和深入校园，必然会使气排球运动在青少年心中生根发芽，并很快在校园体育中普及起来，为青少年的身心健康发展发挥其应有的作用。2016 年 7 月 22 日，全国青少年“未来之星”阳光体育大会在陕西渭南开幕，气排球作为大会的常驻展示体验项目被介绍给了广大青少年。

气排球运动在大中小学广泛传播的同时，老年气排球活动也在不断发展。在已有各类赛事的基础上，2015 年浙江磐安又推出了全国“快乐气排球”交流活动。这一活动每年 8 月在浙江磐安冷水镇举行，吃住均在农家。活动只设老年组，其中又分甲、乙组和夫妻组，甲组为在当地县市比赛中获前三名的队，乙组为当地县市比赛获第三名以后名次或从未参加过比赛的队。

三、气排球运动的发展态势

（一）运动模式由健康娱乐向健康娱乐与健康竞技相结合的方向发展

虽然排球运动为大众所喜爱，但因为它的高度技巧性和器材的特点而让人却步。人们渴盼有一种便于大众参与的排球运动问世，于是世界许多国家的人们便开始从球的性能、场地大小、球网高低、比赛规则上进行相应的变革，全球性的娱乐排球应运而生。气排球运动的发明创造便是其中之一。开始这一运动主要在老年人中展开，以强身健体、娱乐身心为主要目的，多是无网进行活动，隔网对抗较少。随着运动的逐步推广，活动者由老年人逐步转向老、中、青、少各年龄段皆参与，技战术水平不断进步，参与者的兴趣越来越浓，活动多以比赛的形式出现，且越来越激烈，精彩程度也越来越高。在竞技性逐步显著的同时，也随着参与者年龄、性别等的差异形成了无网气排球、沙滩气排球、女子气排球、少儿气排球、草地气排球等娱乐排球活动形式。气排球运动的普及、发展与提高，使得气排球运动由健康娱乐向健康娱乐与健康竞技相结合的方向发展。

（二）开展活动的地区由沿海城镇向内地扩展

气排球发源地为西北地区的集宁，当时限于铁路系统职工活动，后在沿海地区（浙江、福建、广东、广西）发展较快，渐成规模。近几年，在华北、东北（北京、河北、辽宁）、西北（甘肃、新疆、山西、宁夏）、西南（贵州、四川、云南、广西）、中南（河南、湖北、湖南）、华东（江西、山东、安徽、江苏、上海）等地区蓬勃发展，连接成片，覆盖全国，就近地区经常组织各类赛事。

（三）运动人群由老年向中、青、少年展开

目前，气排球运动的参与人群由单纯的老年人转向老、中、青、少不同年龄段人皆参与，愈趋年轻化。与老年人相比，中、青年人在活动中更具活力，于是有些省、自治区、直辖市在举行老年人比赛的同时，也组织中、青年人的比赛。如广西万人气排球赛、福建省全民健身运动会等均设立了中、青年组。随着公园排球的开展，气排球也逐步融入了该项活动。

（四）运动队由混合组队转向混合组队与行（专）业组队相结合，办赛形式多样化

在气排球运动发展之初，项目普及度不高，运动人口也不多，除了铁路系统外，其他来自各行各业的气排球爱好者只能自己邀约组队参赛，为混合组队模式。随着气排球运动的不断推广，来自各行各业的气排球运动人口日益增多。各机关、系统、单位纷纷开始组织各级各类气排球赛事，以活跃单位人员文体生活。除了各类民间赛事及国家、省、市、县体育局组织的赛事，行（专）业赛事也进入了气排球赛事大家庭。运动队由混合组队变成了混合组队与行（专）业组队相结合。如江西省宜春市的银行系统气排球赛，云南组织的大专院校比赛，福建组织的社区、地税系统、工会系统比赛等。

气排球的办赛形式由政府体育部门主办，转向由各基层气排球专项委员会、协会等民间组织联手办赛，给基层气排球队伍搭建了一个相互学习、交流的平台。赛事不设过多门槛，实行自愿参加、自由组队、自理经费、自负安全的活动形式，让更多的基层队伍有参加全国性的气排球交流活动的机会。

（五）运动技战术由全面型向快速多变型发展

在气排球比赛中，攻防转换快，来回球增多，场上队员在不同的位置随时都要参与进攻与防守，有些有一定技术难度，如拦网后撤 2 米以

外扣球、防接对方大力扣球等。因此，要求队员要全面掌握各项技术。随着青年队员的加入，在原有老年气排球战术的基础上，逐渐向快速多变的跑动进攻体系发展，平快球、掩护进攻等都出现了。在防守战术上，根据对方的进攻阵型改变本队拦网和后排防守的布局，同时采用个人发球战术的变化，破坏对方的接发球与接发球进攻体系。

（六）由境内向境外、由国内向国外传播

近些年，通过“走出去”“请进来”等项目的开展，气排球运动已经开始向境外地区传播。像云南、福建、广西等边境省区，向越南、老挝等近邻国家展开各种交流活动。如云南省男女气排球队访问越南，越南派队回访参加在昆明市举行的“鑫夕阳健康杯”气排球邀请赛；老挝男女气排球队访问云南西双版纳；广西百色市团校举办中越青年学员气排球赛；苏州大学举行外国留学生气排球友谊赛；等等。

（七）管理形式更加多样化

气排球的管理形式由中国老年人体协独管逐步转向中国老年人体协、国家体育总局社会体育指导中心和国家体育总局排球管理中心、中国大学习者体协四位一体的管理形式。这样，有利于各级老年气排球专项委员会（或协会、联谊会、小组）得到社体中心和排球协会的帮助和支持，便于开展工作。同时，也可行使气排球会员的义务与权利，促使

各级老年气排球组织的建立，如成立全国和各省、市、区、行业等老年人体协气排球专项委员会、气排球协会等。

（八）活动形式更加多样化

气排球运动的活动形式由以比赛为主，逐步将比赛与文化（书法、摄影、诗歌）、论坛（研究、评论、报告）、旅游（参观、游览、访问）、娱乐（演唱、朗诵、舞蹈）等形式相结合，从而提高了参与者的人文素养。

第二章　气排球技术

第一节　气排球技术概述

一、气排球技术概念

气排球技术是指在规则允许的条件下，气排球活动参与者采用各种合理的击球动作和相互配合所做动作的总称，它是气排球运动的基础和重要组成部分。气排球技术主要由步法和手法两部分组成。步法是指快速灵活的脚步移动和助跑起跳的动作方法。手法是指击球时手指、手腕、手臂用力和控球的动作方法。

室内六人排球的各种技术动作大都可用于气排球，但由于气排球具有球体体积较大，击球面大，球的重量轻等特点，导致球在运动中受气流的影响，易产生“晃动”“下沉”和“变线”的现象，与六人制的用球有区别。因此，气排球活动参与者在长期的运动中创造出“捧”“抱”“托”等具有特色的技术动作，很好地解决了这一系列的问题。

二、气排球技术分类

（一）气排球技术总体分类

气排球技术总体分为有球技术和无球技术。无球技术包括准备姿势与移动；有球技术包括发球、接球、传球、扣球、拦网等。（图 2-1）

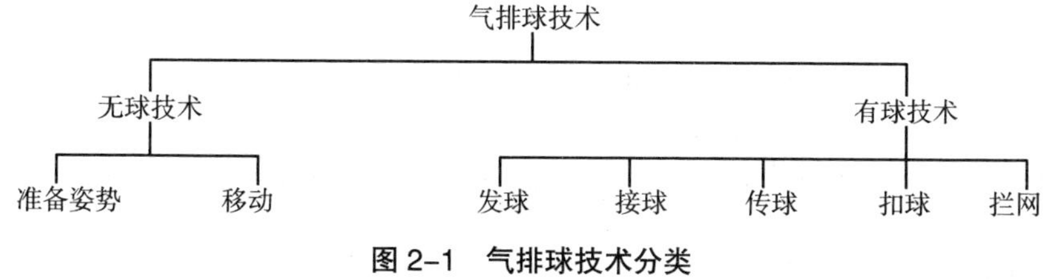

图 2-1　气排球技术分类

（二）气排球有球技术分类

1. 发球

按动作方法可分为正面下手发球、侧面下手发球、正面上手大力发球、正面上手飘球、勾手大力发球、跳发大力球和跳发飘球；按性能可分为大力旋转发球、飘球和轻发球。

2. 接球

按动作方法区分，有双手插托球、抱球、捧球、单手托球、正面双手垫球、背向双手垫球；按接球轻重区分，有双手插托球、抱球、捧球、单手托球等接轻球技术和双手插托球、抱球、正面双手垫球等接重球技术。

3. 传球

按动作可分为双手传球、双手插托传球、单手传球；按传球方向可分为正面传球、侧面传球、背面传球；按有无支撑，可分为原地传球和跳传球。

4. 扣球

按动作方法可分为正面扣球、勾手扣球；按区域可分为后排左扣球、后排右扣球、后排中扣球；按起跳动作可分为原地起跳扣球、双脚助跑起跳扣球、单脚起跳扣球和冲跳扣球。

5. 拦网

按参与人数可分为单人拦网、双人拦网和三人拦网；按运用与变化可分为原地拦网、移动拦网、拦高球、拦低球和拦拉开球等。

第二节　准备姿势与移动

一、准备姿势的动作分析

人体在起动、移动和击球前所采用的合理的身体姿势，称为准备姿势。合理的准备姿势是指既要使身体重心处于相对稳定的状态，又要便于移动和完成多项击球动作，为迅速起动、快速移动及击球创造最好的动作。依据比赛中（或练习中）完成各项技术动作的需要，按身体重心的高低，准备姿势可分为稍蹲准备姿势、半蹲准备姿势和深蹲准备姿势。

（一）稍蹲准备姿势

1. 动作方法

两脚左右开立，与肩同宽，一脚在前，两膝微屈，身体重心位于两脚之间，且稍靠近前脚，后脚跟稍提起，上体稍前倾，两臂放松，自然弯曲置于体前。两眼注视球并兼顾场上的各种情况，两脚保持微动状态。

2. 技术分析

稍蹲准备姿势身体重心比半蹲、深蹲准备姿势要高，便于进行距离较长的移动而不便于接低球。双手比其他准备姿势更靠近身体，以便于快速移动。两膝不宜过多弯曲，上体前倾亦不要太大，注意省力。

3. 动作要领

脚开立，膝稍屈，脚跟离地，重心偏前。体前倾，臂弯曲，眼视来球，人处微动状态。

（二）半蹲准备姿势

1. 动作方法

两脚开立，稍比肩宽，两膝弯曲呈半蹲。脚跟自然提起，上体稍前倾，两臂放松，自然弯曲置于腹前。身体适当放松，两眼注视来球，两脚始终保持微动。

2. 技术分析

半蹲准备姿势，膝部的垂直影线应在脚尖前面，身体重心稍前倾，有利于向前和斜前快速移动、移步和倒地救球。

3. 动作要领

重心低于稍蹲，膝部超过脚尖，精力高度集中，身体适当放松，双脚保持微动。

（三）深蹲准备姿势

1. 动作方法

两脚左右、前后开立的距离比半蹲准备姿势更宽一些，两膝弯曲的程度更大一些，身体重心更低、更靠前，膝部的垂直线超过脚尖，两手臂置于胸腹之间。

2. 技术分析

由于在场上防守位置的不同，在保护球时要求队员上体基本直立，重心平稳，以便于观察和快速伸臂靠近落点。

二、移动的动作分析

移动是队员从起动到制动之间的位移和动作，其完整过程包括起动、移动、制动三个环节。起动是移动的开始，它是在准备姿势的基础上交换身体重心的位置，以破坏准备姿势的平衡，使身体便于向某一方向移动步法；移动则是在起动的基础上，利用脚步动作来改变运动员在场上的位置，完成技术动作和战术配合的行动；制动是移动的结束，要及时克服身体的惯性冲力，保持好击球前的身体姿势。

移动的目的是及时接近球，保持好人与球的位置关系以便击球，同时也能迅速占据场上有利位置。

（一）起动

起动是指从静止到移动发力动作的过程，起动的快慢是移动的关键，起动的速度取决于反应能力和腰腿部的速度力量。

1. 起动的作用

起动是移动的开始，是在准备姿势的基础上变换身体重心的位置，使身体向目标方向移动。进攻中，快速启动可加快进攻节奏，提高进攻效果；防守时，快速启动是保持或抢占有利位置、防止对手进攻的首要环节。

2. 动作方法

以向前起动为例，在正确准备姿势的基础上，队员迅速抬起前腿，并开始收腹，使上体向前探出，同时后腿迅速用力蹬地，使整个身体急速向前发动。

（二）移动

1. 移动的方法

首先，队员两眼注视球，思想高度集中，做好正确准备姿势，根据来球的不同方向、速度、弧度和落点，正确做出判断。如接发球时对发球的判断，扣球时对二传传球的判断，拦网者对对方进攻行动（吊或扣）的判断。

其次，队员及时起动。起动快慢是移动的关键。在正确准备姿势的基础上，两脚大拇指内侧发力，迅速蹬地，并快速水平移动，使整个身体向前起动。

最后，队员采用合理的移动步幅、步频和步法，找到人与球的合理位置，使身体接近球，并用手将球击向预定目标。移动时一定要先动脚，要防止只伸手，不动脚，队员要主动找球，不等不靠。

2. 移动步法

起动后，队员应根据临场技、战术的需要，灵活地采用多种步法进行移动。移动的主要步法和动作方法如下：

（1）并步：队员两脚前后站立，与肩同宽；两膝微屈，上体稍前倾，两手自然放松置于腰腹。并步时，前脚向来球方向跨出一步，后脚迅速蹬地跟上，并做好击球前的姿势。并步的特点是容易保持身体平衡，便于做击球动作。并步可向前、后、左、右各方向移动。适用于短距离移动。

（2）交叉步：队员两脚左右开立，向右侧交叉步移动时，上体向右转，左脚从右脚前向右交叉迈出一步，然后右脚再向右侧方向跨出一大步，同时重心移至右脚，身体转向来球方向，保持击球前的姿势。交叉步的特点是步子大，动作快，便于制动。

（3）跨步：队员在跨步时，一脚用力蹬地，另一脚向来球方向跨出一大步，上体前倾，身体重心移至前脚上，后脚随重心前移自然跟上，两臂做好迎球动作。

跨步的特点是跨距大，便于向前方或向斜前方降低重心来进行低点击球。

（4）后退步：队员在移动时，视来球情况，身体保持适宜的准备姿势，两脚交替快速向后退步，注意保持好重心。

（5）跑步：队员跑步时，一脚蹬地起动，另一脚迅速向前迈出，两脚交替进行，两臂配合摆动。不要过早做击球动作的准备，以免影响跑步速度。球在侧方或后方时，队员应边转身观察球边跑。

（三）制动

制动是移动的结束，也是击球动作的开始。制动的方法有一步制动法和两步制动法。

由快速移动转变为突停状态的过程称为制动。

1. 一步制动法

一步制动时，队员在移动的最后跨出一大步，降低身体重心，膝部和脚尖适当内转，全脚掌横向蹬地，以抵住身体重心继续的惯性力。同时以腰腹力量控制上体，使身体重心的垂直线停落在脚的支撑面以内。

2. 两步制动法

制动时，队员从倒数第二步开始做第一次制动，紧接着跨出最后一步做第二次制动，同时身体后倾，两膝弯曲，重心下降，两脚用力蹬地，使身体处于有利于做下一个动作的状态。

三、准备姿势与移动的运用

（一）准备姿势的运用

1. 稍蹲准备姿势的运用

当对方正在组织进攻时的判断，或球虽在本方但离自己较近、不需要长距离移动击球，以及在进行二传、扣球和接速度较慢、弧度较高的发球、处理球时可运用稍蹲准备姿势。

2. 半蹲准备姿势的运用

半蹲准备姿势是气排球比赛中最基本的准备姿势，在接发球时运用得最多，在防守、拦网时也常使用。此姿势的目的是在防较低的来球时，队员能迅速起动和短距离快速移动。

3. 深蹲准备姿势的运用

深蹲准备姿势主要运用于接球速度快的大力发球、防大力发球、防大力扣球与保护扣球（接拦回球），在接近远的球和衔接各种倒地动作的接球时，也要求采用深蹲准备姿势，以扩大防守范围。

（二）移动步法的运用

1. 并步的应用

主要用于近距离的移动，如抱球、传球、垫球、拦网等技术。同时，经常与跨步或其他倒地击球技术结合使用。

2. 交叉步的运用

主要用于接体侧 2 ～ 3 米的来球，或二传手和拦网者在网前移动及防守两侧来球时运用此步。

3. 跨步的运用

主要用于接弧度低、速度快、距离身体 1 米左右的球，可以单独使用，也可与滑步、交叉步、跑步的最后一步结合运用。

4. 后退步的运用

当人在前场或中场时，发现对方来球要飞至后场区时采用。注意身体重心的控制，不要后倒过多。

5. 跑步的运用

一般在球较远，运用以上移动方法不能接近来球时采用。跑步移动速度快，便于随时改变方向，经常与交叉步、跨步等结合起来运用。如侧跑步时，常采用交叉步转身的方法来起动。在接近球时，又常用跨步、倒地和各种跳跃动作来制动使之完成击球动作。

第三节　发球技术

队员在发球区内，用手或手臂将自己抛起的球直接击入对方场区的技术动作称为发球。

发球是比赛的开始，也是进攻的开始。比赛开局的第一个球就是发球，开局的好坏，对于取得比赛胜利有至关重要的作用。发球应有威力、攻击性强。发球的指导思想：一是先发制人，争取主动，直接得分。二是破坏对方一传，打乱战术意图，造成进攻困难，增加对方心理压力。三是增强本方队员自信，减轻本方防守压力，为反攻创造条件。

队员发球时可运用正面、侧面、上手、下手、勾手等方法，采用原地或助跑起跳的方法发球。无论采用哪种方法发球，都必须做到以下三点：一是平稳抛球。队员以单手或双手将球平稳抛起，每次抛球的高度、距离和落点都要固定。二是击球要准。队员击球时，要以正确的击球动作击中球体的相应部位，使用力方向与发球方向一致。三是手法要正确。每个队员击球的手法不同，发出的球的性能也有所不同。

一、发球技术的种类

气排球发球技术种类较多，根据动作结构大体可分为八种：正面下手发球、侧面下手发球、正面上手大力发球、正面上手发飘球、正面上手侧旋发球、勾手大力发球、跳发球、发高吊球。其中正面上手大力发球、正面上手侧旋发球、勾手大力发球、跳发球是目前中青年气排球运动爱好者运用最多的发球方法。正面下手发球和侧面下手发球属于初级技术，适用于初学者、少年儿童和老年人等人群。

二、发球技术动作方法与技术分析

（一）正面下手发球

正面下手发球是指发球队员面对球网，手臂由后下方向前摆动，在体前腹部高度击球过网的一种发球方法。其特点是动作简单，容易掌握，准确性大，但球速慢，攻击性不强，适用于初学者及中老年女性。

1. 动作方法

（1）准备姿势：队员面对球网，两脚前后开立，左脚在前，两膝弯曲，上体前倾，左手持球于腹前。

（2）抛球：队员用左手将球轻轻抛在身体右侧前方，球离手约 30 厘米的高度，同时右臂伸直，以肩为轴向后摆。

（3）击球：队员的右脚蹬地，身体重心随着右臂由后向前摆动而前移，在腹前以全手掌击球后下部。击球后，随击球动作重心前移，迅速进场比赛。

2. 技术分析

（1）击球手臂应以肩为轴向后摆动，再以肩为轴直臂向前摆动。队员在击球时前手臂不应有屈肘动作，这样有利于加快挥臂速度、控制击球出手角度和路线，并加强准确性和攻击性。

（2）队员手触球时，五指张开或拇指张开、其他四指并拢呈勺形，手指、手腕要适当紧张，以全掌击球后下部。

3. 动作要领

队员左手抛球低出手，右臂摆动肩为轴；击球的一刹那肘不屈，掌根部位击准球。

（二）侧面下手发球

侧面下手发球，借助了转体力量来击球，便于用力，适合初学者、少年儿童及中老年女性使用。发球失误少，但攻击性不强。

1. 动作方法

（1）准备姿势：队员的左肩对网，两脚左右开立，约与肩同宽，两膝微屈，上体稍前倾，重心落在两脚之间，左手持球置于腹前。

（2）抛球：队员用左手将球平稳上抛于胸前，距身体约一臂远，球离手高度约一个半球。队员抛球的同时，右臂摆置在右侧后下方。

（3）挥臂击球：队员利用右脚蹬地向左转体的力量，带动右臂向前上方摆动，手指、手腕适当紧张，五指张开或拇指张开、其他四指并拢呈勺形，以全掌击球，在腹前击球后下部。队员击球后，身体转向球网，并顺势进场。

2. 技术分析

（1）利用蹬地转体运动带动手臂挥摆，可增加发球的力量，击球手臂应由体侧右下方向斜前上方挥动。

（2）击球点不应超过肩的高度，并注意控制击球出手的角度和路线，球出手时仰角大，球飞行就高；仰角太小，则不易过网。

（3）击球手法是全手掌、掌根或虎口处击球的后下部。

3. 动作要领

腹前低抛球，转体带摆臂，击球后下部，控制球线路。

（三）正面上手大力发球

正面上手发球是指发球队员面对球网站立，利用收腹转体动作带动手臂加速向前鞭打，在体前右肩上方用全手掌击球过网的发球方法。这种发球击球点高，可以充分利用胸腹和上肢的爆发力，加之运用手掌的推压动作使球呈上旋飞行，不易出界，因此它具有较大的攻击性和准确性。目前在高水平青年男队中被广泛使用。

1. 动作方法

（1）准备姿势：队员面对球网，两脚自然开立，左脚在前，左手托球于体前，重心落在右脚上。

（2）抛球与引臂：队员用左手将球平稳地抛于右肩的前上方约一臂高度，同时右臂抬起，屈肘后引，肘与肩平，上体稍向右侧转动，抬头、挺胸、展腹，手掌自然张开。

（3）挥臂击球：队员利用蹬地使上体向左前转动，同时收腹，带动手臂向前上方快速挥动。在右肩前上方伸直手臂的最高点处，用全掌击球的后中下部。击球时，队员的手指和手掌要张开与球吻合，手腕要迅速做推压动作，使击出的球呈上旋飞行。击球后，随着重心的前移，队员迅速入场。

2. 技术分析

（1）准备姿势和发球的取位。准备姿势：队员左脚置前，这样便于引臂和身体自然右转。发球的取位：根据对方接发球的布阵情况和攻击目标以及发球队员自身的特点来选定，在端线后 6 米宽的区域内均可。

（2）抛球与引臂。抛球应以手臂上抬、手掌平托上送的动作将球抛在身前 30 厘米处，球离手约 1 米的高度为宜。队员抛球一定要平稳上抛，不要屈腕，以免球体旋转和偏离上抛垂直线，造成击球不准。队员在抛球时，抛球过前，会造成手臂推球而不易过网；抛球过后，不能充分发挥转体收腹力量；抛球过高，不易掌握动作节奏和击球时机；抛球过低，不能充分发挥击球的力量和提高击球点。右臂后引时，应有屈肘上抬的动作，要充分拉长胸腹和肩关节前侧的肌肉，便于增加工作距离和击球力量。

（3）挥臂击球。队员挥臂肘时，发力是从两足蹬地开始，上体迅速向左侧旋转，同时收腹，以腰胸带动肩，肩带动大臂，大臂带动前臂，前臂带动手腕，最后将力量传送到手上。击球时，前臂和手腕动作要稳定，不要左右转动。手腕推压动作的大小，应根据击球点的位置来进行调整，击球点离身体近时，手腕向前推压的动作要稍大；击球点偏前或较近时，手腕向前推压的动作要稍小，以免击球出界或入网。

3. 动作要领

抛球稳，击球准；手法正确，用力恰当。

（四）正面上手发飘球

正面上手发飘球是指发球队员采用近似正面上手发球的形式，击球力量通过球体重心，使发出的球不旋转而不规则地飘晃飞行的一种发球方法。这种球使接球队员难以判断其飞行路线和落点。由于发球队员是面对球网站立，便于观察情况和瞄准目标，所以攻击性和准确性较高。

目前在各类水平的比赛中，此种发球方式被男女队员尤其是女队员广泛采用。

1. 动作方法

（1）准备姿势：队员面对球网，两脚自然前后开立，左脚稍前半步，右脚在后，重心在后脚上，左手持球在胸前。

（2）抛球与引臂：队员用左手将球平稳地抛在右额前上方，高度以略高于击球点为宜。在抛球的同时，右臂上举后引，肘部适当弯曲，并高于肩，两眼盯住击球部位。

（3）挥臂击球：队员的手臂后引与肩齐平时，由后上方向前平击，手臂的挥动轨迹不呈弧形，而是自后向前做直线运动。击球时，队员五指并拢，手腕稍后仰，用掌根的坚实平面击球的中下部，挥臂动作小而快速，使作用力通过球体重心。击球面积要小，动作幅度小，力量集中。触球瞬间，手指、手腕要紧张，发力突然、快速、短促，手臂要突停，手腕不加推压动作。

2. 技术分析

（1）为了击准球，抛球要平稳且不宜过高。抛球时，左手应将球向上托送一段距离，抛球高度以略高于击球点为宜。

（2）发球仰角的大小，应根据队员身体的高矮来变化。身体高、力量大、爆发力强的队员，发球的仰角应小些；反之，仰角应大些。

（3）发飘球的用力，主要靠挥臂动作。动作幅度可小一些，但发力要突然、快速、短促。如果发远距离飘球，队员的动作幅度可相应加大，以获得较大的初速度。击球时，触及面积小，力量要集中、短促，手腕不能前屈或左右晃动。

（4）为了升高击球点，提高攻击性，可采用跳起发飘球。这种发球不需要全力起跳，当球抛至最高点时，队员也应及时跳至最高点击球。击球时，挥臂动作小而快速，使作用力通过球体重心，使球不旋转地向前飞行。

3. 动作要领

抛球稍低略靠前，挥臂轨迹呈直线；掌根击球重心，击后突停，腕不屈。

（五）正面上手侧旋发球

正面上手侧旋发球不同于正面上手发球的形式，发球队员击球时不能使击球作用力通过球体重心，而是击打球体的某一侧，使发出的球产生侧旋飞行。弧旋球的曲线受纵向飘移量、球的初速度、旋转速度、空气速度、空气阻力系数等诸多因素的影响，落点难以判断。同时击球部位和击球力量的不同，也会造成球的旋转方向、飞行路线和落点的不同。

侧旋转球分左旋和右旋两种。以右手发右旋转球为例做如下分析：

1. 动作方法

（1）准备姿势：队员面对球网，两脚自然开立，左脚在前，左手托球于体前。

（2）抛球与引臂：队员用左手将球平稳地抛于右肩的前上方，高度适中，同时右臂抬起，屈肘后引，肘与肩平，上体稍向右侧转动，抬头、提胸、展腹、手掌自然张开。

（3）挥臂击球：队员利用蹬地使上体向左前转动，同时收腹，带动手臂向球网的右前上方快速挥动，用拳掌击球的右侧。击球时，队员的手指和手掌要张开与球吻合，手腕要迅速做推压动作，使击出的球呈侧旋飞行。击球后，随着重心的前移，队员迅速入场。

2. 技术分析

（1）准备姿势和发球的取位。准备姿势：左脚置前，这样便于引臂和身体自然右转。发球的取位：根据对方接发球的布阵情况和攻击目标以及发球队员自身的特点来选定。发球者站在 6 米发球区内的不同位置，身体面向不同的方向，可变化发球路线、发球速度，使发球的落点呈多点分布。

（2）抛球与引臂。抛球应以手臂上抬、手掌平托上送的动作将球抛至右肩上方约 1 米的高度。队员抛球一定要平稳上抛，不要屈腕，以免球体旋转和偏离上抛垂直线，造成击球不准。与此同时，右臂顺势后引上抬起，充分拉长胸腹和肩关节前侧的肌肉。

（3）挥臂击球。队员在挥臂肘，发球是从两足蹬地开始，上体迅速向左侧旋转，其旋转幅度大于正面双手发球。同时收腹，以腰胸带动肩，肩带动大臂，大臂带动前臂，前臂带动手腕，最后将力量传送到手上。

击球时，手腕要瞬间向内转动，用全手掌快速、猛烈地切击球的右侧，同时手腕、手臂随着球的旋转方向向左加力、伴送，作用力从球体重心偏右的方向通过，使球体向左旋转，球向左前方呈弧线飞行。

击球时，手掌切腕动作的大小，应根据击球点的位置来进行调整：击球点高或离身体近时，切腕动作要稍大；击球点偏前或较低时，切腕动作要稍小，以免击球出界或入网。同时击球点和力量的旋转应根据发球人的站位和球的落点来决定。

一般来说，在发左侧旋转球时，站在发球区右侧，击球点于球体重心右侧 1/3 处。挥臂出手方位面向球网方向右转 30°，用中等力量击球实效性较高。

3. 动作要领

正确采取发球位，平稳抛球不屈腕；全手切击球侧位，合理控制点和力。

（六）勾手大力发球

勾手大力发球能充分利用转体收腹力量带动手臂猛烈挥动来击球，发出的球速度快，力量大，弧线平而低，旋转强，下落快，容易造成对方接发球困难，在心理上给对方造成较大威胁，攻击性较强。这种发球方式在中老年男性球员中被广泛使用，也被部分女性球员使用。

1. 动作方法

（1）准备姿势：队员的左肩对网，两脚自然开立，与肩同宽。两膝微屈，上体前倾，重心落在两脚之间偏右脚上，双手或左手持球于胸腹前。

（2）抛球与摆臂：队员平稳垂直地将球抛至左前上方约 60 厘米处，抛球的同时，右腿弯曲，重心移至右脚，上体向右侧转动和倾斜，同时右臂向右后侧摆动，抬头看球。

（3）挥臂击球：随着右脚用力蹬地，队员挺胸转体，带动手臂沿弧形轨迹迅速向上挥动，在左肩前上方击球。击球时要看准球，迅速收胸、收腹、转体，身体重心移至左脚上，击球的手臂要伸直，以提高击球点。击球的手自然张开呈勺形，以全手掌击球的后中下部。击球的瞬间，手腕、手掌要做迅速的明显向前推压的动作，使球呈上旋飞行。击球后，队员迅速进场比赛。击球点太靠前，球不会过网；击球点太靠后，球会飞出对方场外，应击球的后中下部。

2. 技术分析

（1）勾手大力发球时应将球平稳地抛至左肩前上方，高度适中，约60厘米。抛球不宜偏后，以免影响发力。在左手抛球的同时，右臂放松地向体侧后下方摆动，身体重心稍向后移。

（2）挥臂击球时，手臂挥动轨迹呈弧线运动，击球瞬间手指和手掌要张开与球吻合。同时，手腕要迅速做推压动作，使用全身最大爆发力去击球。

3. 动作要领

平稳垂直上抛球，重心移至右脚上；蹬地挺转带手臂，全掌击球后中下，手腕迅速加推压。

（七）跳发球

跳发球是指发球队员在端线后，利用助跑跳起在空中，像扣球似的将球击入对方场区的一种发球方法。跳发球时由于队员跳起在空中，身体能充分展开并向前游动，不仅可以升高击球点，而且缩短了击球点与球网的距离，从而增强发球的力量和攻击性。但与其他发球技术相比，跳发球的技术难度和体力消耗较大。这是在中青年男队和高水平女队中被经常采用的一种攻击性较强、威胁性较大的发球技术。

跳发球的动作同远网扣球相似，它可运用一步、两步或多步助跑的方法，也可正对网助跑或斜对网助跑。

1. 动作方法

（1）准备姿势：队员面对球网，站在离端线 2 ~ 4 米处，以右手或双手持球置于体侧或腹前。

（2）抛球：队员用右手或双手将球抛至右肩前上方，抛球高度一般为肩上方 1 米左右，落点在端线附近。

（3）助跑起跳：随着抛球动作，队员迅即向前做 1 步或 2 ~ 3 步助跑起跳。起跳时，两臂要协调而积极地摆动，幅度要大。

（4）空中姿势：队员起跳后，挺胸展腹，身体呈反弓形，右臂屈肘，向后引臂，五指自然张开呈勺形，手腕要放松。

（5）空中击球：队员击球时，利用收腹带动手臂向前上方挥动，以全手掌包住球，击球的后中部，手腕要向前推压，使球上旋飞行。

（6）落地：队员击球后，尽量使双脚同时落地，两膝顺势弯曲缓冲，迅速入场。

2. 技术分析

（1）抛球。抛球是发好跳发球的基础。抛球时，队员以手托球，由下向击球手臂的前上方抛出，在球离手时，手掌、手指给球体以撩拨动作，其用力方向从球体重心的后下方通过，使球在向前上方抛起的同时产生上旋。抛球的高度和距离应根据队员的具体情况来定，个子高、冲跳能力强的队员，可将球抛得高一点，离身体远一点，这样更可以发挥队员点高力大的优势。一般宜用击球手臂单手抛球，这样有利于助跑动作的协调配合。

（2）助跑。助跑是为起跳和击球做准备，也是为了获得较大的水平速度。采用一步助跑，可有效地选择合理的起跳时机，以提高队员对所抛出球落点等方面的判断能力。采用二步、三步助跑，由于助跑距离增加，有助于提高队员的助跑速度和向前冲跳。

（3）起跳。起跳步法分为并步法和跨步法。并步法适应性强，能调整起跳时间，现在大多数球员都采用此种起跳方法。根据并步距离、双脚起跳时间，又表现为垂直型起跳和前冲型起跳。采用前冲型起跳方式起跳，比两脚平行式并步起跳更适合跳发球向前冲跳的特点；有利于身体重心位置前移并增加身体重心的初速度，同时也使身体处于向前起跳的良好姿势；能进一步提高人体重心腾起速度和高度，也有利于观察抛球的高度和落脚点，选择合理的起跳时机。起跳并步时，在左足尖内扣的制动和前脚掌首先着地的同时，加速向上摆臂，有助于保持一定的前冲和提高起跳速度。

（4）空中击球。大力发球的空中击球动作与远网扣球相似，身体展开幅度应更大些，击打球的同时手腕加速推压，合掌包球动作也应更充分些。击球作用力不完全通过球体重心，使球经过手臂有力击打，加快上旋球的飞行速度，并使上旋球的落点比非上旋球的落点离网更近，以提高发球攻击性，能更好地发挥击球力量，又不致使球不过网或飞出界外。

3. 动作要领

抛球前上助跑跟，双臂摆动两脚蹬；起跳身体呈反弓，空中击球掌包压。

第四节　接球技术

用双手、单手或身体的任何部位将对方的来球击起的动作叫接球。接球是气排球的主要技术之一，在气排球活动或比赛中占有重要地位。这项技术通常用于接发球、接扣球、接拦回球中，也可以用于组织进攻。

气排球由于球的体积大、重量较轻，球在空中飞行的速度较慢，特别容易受到气流的影响，重心点极其不稳定，所以只有通过加大击球面积来克服球的稳定性差的状况。在长期的实践过程中，气排球运动者们发明了“插托”“抱”“捧”等技术动作，有效地解决了防守击球时球体稳定性的问题。

一、接球技术种类

接球技术主要有双手插托击球、抱球、捧球、单手托球、正面双手垫球、体侧双手垫球、背向双手垫球以及其他辅助击球技术。

二、接球技术动作分析

（一）双手插托击球

双手插托击球是指场上队员面对来球，在胸腹前的左（右）侧或中部托送的一种击球动作。它的明显特征是：一只手掌心朝上，五指朝前，另一只手掌心朝前，五指朝侧，两手在球的后下方形成一个与球相吻合的弧形。用于接发球和接各种攻击过网的球，它是气排球中特有的一项技术动作。

1. 动作方法

（1）准备姿势：队员根据来球的方向、速度、弧度和落点，采用不同的准备姿势。

（2）迎球动作

①左托球：球从左边来，队员右脚内侧蹬地；左脚向左跨出一步，重心移至左脚上，左膝弯曲。上身稍向左倾斜，左肩略低于右肩；左手五指张开，掌心向前，迅速将手插到球的下部，手掌呈勺形，手指指根触球的下部承受球的重量，同时右手五指张开，在来球的后上方顶压着球体并掌握球的方向，也称为护球。

②中托球：球从中部来，即为追胸球，队员的左手或右手在上，另一只手在下，两肘关节适当内收，两手呈勺形，以确保将球托送到位。

③右托球：与左托球动作相同，手脚动作方向相反。

（3）击球动作：在正确迎球手型的基础上，当手和球接触的瞬间，手腕和手指要有顺势后下展的缓冲动作。击球时，托球手手掌、手指给球体以撩拨动作，手掌、手指的撩拨用力从球体重心的后下方通过，使球在向前上方送起的同时产生上旋。护在球后上方的手顶护住球的重力与方向，利用上下产生的合力将球传出。

2. 技术分析

（1）准备姿势的运用要根据不同的情况而有所变化。接一般的轻球或处理过来的球，队员的身体重心可稍高，采用稍蹲准备姿势。接重发球、重扣球和吊球时，队员应采用半蹲或深蹲准备姿势。重心适当降低，便于接好球。

（2）托球的击球点位置应使托球手保持大小臂自然弯曲于体侧为宜，尽量保持在腰腹高度，控制好球与身体的适当距离，以充分保证手臂运动的幅度和角度，将球送向预定目标。

总体而言，如何接好球，采用何种姿势接球，都应根据来球的力量、速度、角度和高度而定。在不影响起动的前提下，队员应适当降低重心，以便快速插入球下接起低球。在接左托球或右托球时，队员的两个肘关节应与前臂呈一字形。

3. 动作要领

判断准确，对准球，下插托，上顶包，手球相吻，托护相应，双手合力，抬送出球。

（二）抱球

抱球技术是指队员将离身体较远的正面来球或低球接起的技术动作。抱球技术有两种动作：一是双手掌相对，大拇指朝上对掌抱球。二是两手指相对，大拇指朝前的对指抱球。对指抱球的特征：两手指相对，掌心朝上，大拇指朝前，手腕略处紧张状态，形成一个与气排球大小相吻合的弧形。

1. 动作方法

（1）准备姿势：队员面对来球时，两脚开立，与肩同宽；根据来球的速度和力量，呈半蹲或稍蹲姿势站立。

（2）迎球动作

①对掌抱球：当来球距离体前较远时，队员将两肘伸直，手腕自然下垂，五指自然张开，两手掌相对，大拇指朝上，距离大于两小指的距离，左右手掌倾斜相对，形成一个与气排球大小相吻合的弧形，以便抱住球的两侧。

②对指抱球：当来球接近体前时，队员的两肘弯曲，肘关节向外伸展，上臂与前臂夹角大于90°。手腕处于略紧张状态，两手掌心朝上，十指相对自然张开；大拇指朝前，呈弧形，以便抱住球的两侧。

（3）击球动作

①对掌抱球：手和球接触的瞬间，以指根带动指尖击球的两边后下部，食指、中指、无名指三指受力为主，双手大拇指在球的两侧上部，小手指托在球的底部。用抬臂抖腕的力量将球抱出，击球点在身体腰腹附近。

②对指抱球：双手指相对，托抱于球的底部，击球瞬间以手指和手腕的抖动、弹拨及抬臂的力量将球抱出。击球点在身体胸腰之间。

2. 技术分析

（1）当来球时，双手要向来球的方向伸出；当手和球即将接触时，有顺势迎球的动作，且两手形成一个弧底形。

（2）击球瞬间，两手托住来球的后下部或底部，靠手腕的抖动、手指的弹拨、抬臂动作以及全身的协调发力将球抱出。

3. 动作要领

对掌手指插球下，手球相扣，拇指朝上；抬臂抖腕抱球，对手手指托球底。

（三）捧球

捧球是指队员用双手在腹前将离身体较远的来球或追身球用双手将球捧起的技术动作。其明显的动作特征是双手掌心朝上，十指微张，形成一个弧形。捧球主要用于处理速度较快的追身球、大力球和低远球。

1. 动作方法

（1）准备姿势：队员面对来球，两脚开立，与肩同宽；根据来球的速度和力量，呈半蹲或全蹲姿势站立；两肘弯曲，上臂与前臂夹角为90° 左右，分别位于腰部两侧。

（2）迎球动作：来球时，队员双手掌心向上，十指微张，朝前呈弧形；手指、手腕与前臂基本形成一个平面。

（3）击球动作：双手形成一个弧形，以全手掌触击球的下部。双手捧球击球时，上臂夹紧身体，手指、手腕与前臂在一个平面上，靠抖腕、手指弹力和前臂上托的瞬间发力动作将球击出，其动作幅度较小。

2. 技术分析

（1）准备姿势应采用半蹲或深蹲准备姿势，要求在不影响快速起动的前提下，重心适当降低，这样有利于快速插入球下。

（2）击球瞬间，两掌心插到球后下部捧住来球，上臂要夹紧身体，手指、手腕与前臂要保持一定的紧张度，靠前臂、手腕、手指力量将球击出，击出点一般在身体腹部前下方。

3. 动作要领

两臂前伸插球下，双手掌心面朝上，腕指前臂适度紧，腕抖指弹瞬间力，抬臂缓冲往上送。

（四）正面双手垫球

除用手指弹击动作外的身体的任何部位击球的动作称为垫球。垫球是气排球的基本接球技术之一，可用手、臂、头、肩、大腿、脚背、脚弓及其他身体任何部位来完成，相比其他技术，种类更加多样，实用性、应变性更强,控制范围大,便于接各种困难球,其中最常用的是前臂垫球。在比赛中用于接发球、接扣球、接拦回球以及防守和处理各种困难球。有时还可用垫球来组织进攻，以弥补二传球的不足，辅助进攻。

1. 动作方法

（1）准备姿势：队员面对来球，呈半蹲或稍蹲姿势站立。

（2）垫击球手型：常用手型有叠指式、抱拳式和互靠式。其中叠指式最为稳定，可用来接各种力量的球，所以运用非常普遍。其方法为：两手掌根相靠，两手手指重叠，手掌互握，两拇指平行向前，手腕下压，两前臂外翻成一个平面。

（3）击球空间位置：保持在腹前高度。

（4）垫击球动作：当球飞到腹前约一臂距离时，队员将两臂夹紧前伸，插入球下，同时配合蹬地、跟腰、提肩、顶肘、压腕等全身协调动作迎向来球，身体重心随着击球动作向前上方移动。

（5）球触手臂部位和击球部位：队员用前臂的手腕关节以上 10 厘米左右的两小臂桡骨内侧所构成的平面击球的后下部。

（6）击球后动作：队员在击球的瞬间，两臂要保持稳定，耸肩往前送，身体重心继续协调地向抬臂方向伴送球。垫击动作结束后，立即松开双臂，为下一步动作做好准备。

2. 技术分析

（1）准备姿势的运用要根据不同的情况而有所变化。队员在接扣球和吊球时，应采用半蹲或深蹲准备姿势，两膝的弯曲度和重心的高低应根据来球的高度和角度以及腿部力量大小而定，动作要求在不影响快速起动的前提下，适当降低重心，这样有利于快速插入球下垫低球，也便于高点挡球。

（2）正面双手垫球的击球点位置应尽量保持在腹前高度，离身体不宜太远或太近，手臂触球的瞬间，耸一下肩往前送即可，这样便于调整手臂角度和垫出球的方向、落点。如果来球高于腰部以上时，可用高位正垫，垫击球时，队员利用蹬地伸膝来提高身体重心，必要时还可跳起在腰前用前臂垫出。

（3）要注意根据来球的情况不同而采用不同的击球动作：垫轻球时，靠手臂上抬力量来增加反弹力，同时还要靠蹬地、送腰、提肩动作协调配合；在垫中等力量来球时，主要靠球的反弹力，动作幅度要小，以免球的反弹力过大而将球击过网；垫大力量来球时，手臂要随球后撤，以此缓冲来球。

3. 动作要领

夹臂、前伸、下插、蹬地、抬腰、提肩、顶肘、压腕、抬臂、送球。

（五）背向双手垫球

背对垫击目标，从身前向背后双手垫击球称为背向双手垫球。在接应同伴起球后，球飞得较远而又无法进行正面击球时运用较多。其特点是垫击点较高，垫球距离较远，准确性稍差。

1. 动作方法

背向垫击球时，队员要判断好来球的方向、落点和离网的距离，快速移动到球的落点处，背对垫出球的方向，两臂夹紧伸直。击球时，用蹬地、抬头挺胸、展腹和上体后仰的动作来带动两臂向后上方摆动抬送，以前臂触球的前下方，将球向后上方击出。击球点一般应在肩前上方。

2. 技术分析

（1）背向垫球时，队员应根据垫球目标的远近和不同的高度变化击球点的高低。如要垫出高远球时，可适当降低击球点；要垫出平弧度球时，应升高击球点。在无法调整击球点的高度时，队员可利用腰部和手臂的动作来控制出球的高度和距离。若遇低远的来球，队员需要向后上方高处垫出时，可采用屈肘屈腕的动作，以腕部虎口处将球向后上方垫起。

（2）由于背向垫击球是背对击球的目标，不利于观察场上的情况和击出球的方向落点，要特别强调垫击球时的方位感觉，判断好球、网、目标三者之间的位置关系，才能提高准确性。

3. 动作要领

蹬地抬仰摆双臂，背对目标肩上击。

（六）体侧双手垫球

在身体侧面用双手去垫球，称为体侧双手垫球。

1. 动作方法

以右侧垫球为例，队员的脚向右侧跨一步，身体重心移至右脚，右腿弯曲。两臂伸向右侧，右臂高于左臂，左肩向下倾斜，伸出两手臂呈平面，用击球面对准来球，利用向左转腰转腹及右脚蹬地的力量，配合两臂在体侧垫球的后下部。击球完成后，队员迅速准备下一动作。

2. 技术分析

（1）击球点应在队员的体侧前方，腰肩之间。双臂在体侧稍前的位置截击来球，不能等球飞到体侧时再摆臂去击球，这样容易造成球触手后向侧飞去。

（2）队员垫球时，要调整和控制好两臂组成的垫击面的角度，使球准确地垫向目标。

3. 动作要领

侧向跨步侧伸臂，一高一低呈平面，内转腰腹蹬地力，侧前肩腰之间击。

（七）单手托球

单手托球是处理离身体低且远的球，主要是在来不及运用双手插托球、抱球、捧球和正面双手垫球时采用。基本手型：掌心朝上，五指张开且朝前或向左（右）伸出，形成勺形。

1. 动作方法

眼睛注视来球，一只手向前或向左（右）伸出，插入接近地面球的下方，用手腕、手指的抖动，前臂上抬的力量将球托起。

2. 技术分析

队员在击球的瞬间，手快速插入球下部，手指、手腕与前臂要保持一定的紧张度，手臂、手腕的动作用力大小和动作幅度都应根据来球力量的大小和目标点的位置来控制。

3. 动作要领

掌心朝上勺形伸，腕指前臂适度紧，协调用力击球出。

三、接球技术运用分析

接球技术运用于比赛的全过程，防守过程中无论是接发球还是接扣球抑或是接其他来球，球都会因为击球者的击球力量、击球手法以及采用击球技术的不同而出现不同的特点，或轻或重，或下沉或晃动，因此运用的接球技术存在区别。下面我们就按接球的特点来进行技术分析。

（一）接轻球技术

接轻球技术主要采用双手插托球、抱球、捧球、单手托球、垫球等技术动作。一般运用于接下手发球、上手发球、接轻扣、吊球和处理球等。

从球离开对方手的瞬间判断来球，球速不快或带有轻度飘晃时，队员在接发球时应注意观察，站位适当靠前。判断落点后，队员要快速移动取位，重心下降前倾。尤其是在接轻扣、吊球、接拦网触手的球和拦回球时，由于来球方向和落点的不固定，更强调准备与移动步伐的灵活运用。当来球高于胸部时，队员应采用抱球的技术动作或正面双手传球的技术动作；当来球低于胸部时，队员应采用抱球或垫球的技术动作将球接起。

（二）接重球技术

接大力发球、接重扣球主要采用双手插托球、抱球、正面双手垫球等技术动作。

1. 接大力发球

大力发球的特点是力量大、速度快、旋转力强，但球的飞行轨迹较规律，容易判断。接大力发球的站位要适当靠近中场。因来球弧线低，故接球时身体姿势要低。面对大力发球，队员应多采用正面双手垫球技术或捧球技术，由于来球力量过大，队员切忌抬臂加力，对准球后手臂不动，耸一下肩往前送即可或采用捧球动作。

2. 接重扣球

接重扣球是接扣球防守技术的重点。由于来球力量大、速度快，队员接球前应保持较低的准备姿势和采取低姿势移动，并根据对方扣球队员及本方拦网的情况来判断扣球路线和落点，迅速移动卡位对准来球，稳定重心，尽量用插托球或正面双手垫球动作将球接起。如果来球离接球者有一定距离，则接球者要立即运用移动步伐使身体迅速接近来球，以获取最佳的人球位置。不管运用何种接球技术，队员在接重扣球时都要十分注意缓冲，以提高到位率，减少失误。

3. 接入网球

比赛中常有球因失去控制而飞入网内后反弹下落。队员要接好这种球，首先要判断准其入网的部位，掌握其反弹的方向、角度和落地点。

接入网球的方法一般采用捧球技术或单手击球等击球技术。

球飞入网后，一般有三种反弹情况：第一种是球飞入球网的上半部或从高处下落入网，多为顺网下落，反弹角度很小，速度快，落点靠近中线。第二种是球飞入球网中部，则稍有反弹，下落速度较上部入网球稍慢，落点仍靠近中线。第三种是球飞入球网下部，因球网底绳的作用，反弹现象明显，且有一定的高度和远度。对上述第一、二种情况，因球下落速度快，落点靠近中线，比较难接，队员接球时要迅速移动到落点上，侧身对网，降低重心。在运用捧球技术时，双手要插入球下，手掌、手指给球体以撩拨动作；在运用垫球技术时，手臂插入球下，以屈肘翘腕动作将球垫起；在运用单手托球技术时，手掌张开略向本方场地倾斜，手指适度弯曲呈勺状，伸到中线位置球的落点处，用托击动作将球击起。第三种情况则重心不宜太低，待判断反弹落点后从容将球垫起或托起。如果是第三次击球，一般采用抱球技术或捧球技术，要采用外侧臂抬高，用双手向上向侧兜球的动作，使球前旋飞过球网。

4. 其他击球技术运用

当来球速度快、突然性大，防守队员来不及移步、降低重心、伸臂击球和侧身让垫时，可采用身体的其他部位来垫球（身体的任何部位包括脚都可击球）。

脚击球主要是当来球远而低、变化突然、时间短促，无法用其他击球技术时采用，属应急补救性技术动作。脚击球主要有脚背垫球和脚内侧垫球两种。

（1）脚背垫球

动作方法是以一只脚为支撑，另一只脚迅速向来球方向伸去，利用伸大腿、摆小腿的动作，使脚背插入球下。击球时，利用小腿继续上摆、脚踝上挑的动作，以脚背上部触球的下部（或侧下部）将球垫起。脚背垫球后，若身体失去平衡，队员可采用侧倒坐地或后倒坐地等动作来进行自我保护。

（2）脚内侧垫球

动作方法与脚背垫球相似。但在击球时，脚尖要上翘，脚踝紧张，以脚内侧部位垫球的后下部。

第五节　传球技术

队员通过手指、手腕的弹力，将球传至一定目标的击球动作叫传球。

传球是气排球运动中最基本、最重要的技术之一，是各项战术的基础。主要用于二传，接对方推攻球、被对方拦回球，接轻发球、轻扣球、吊球和处理过来的球。它是组织进攻、防守、反击的有效手段。球队的二传手在比赛中起着桥梁、核心的作用，如果没有良好的传球，就失去了进攻的枢纽，比赛则难以获胜。

一、传球技术种类

传球技术按姿势可分为站立传球、稍蹲传球、半蹲传球、全蹲传球、跳传、倒地传球、单手传球和抱传球；按传球的方向可分为正面传球、侧面传球、背向传球；按传出距离可分为远传球和近传球；按传出弧度高低可分为集中传球、拉开传球、平拉开传球；按用途可分为一传、二传、第三次传球过网、吊球、传快球、调整传球和扒球。

二、传球技术动作分析

（一）正面双手传球

面对目标的传球称正面传球。

1. 动作方法

（1）准备姿势：队员双腿稍蹲，上体稍挺起，抬头注视来球，两脚前后左右自然开立，约与肩同宽，后脚跟提起，中心落在两脚之间。两手屈肘自然下垂，两手掌呈半球状置于胸前，全身放松。

（2）迎球动作：当来球接近额前时，队员开始蹬地、伸膝、伸臂，手指微张，经脸前向前上方迎出。队员的全身各部位动作应协调一致。

（3）击球点：在脸额前上方约一球距离处。

（4）手型与触球部位：手触球时，十指应自然张开，使两手呈半球状；手腕稍后仰，两拇指相对近"一"字形，十指与球相吻合，触球体的后下部。以拇指内侧，食指全部，中指的二、三指节触球的后下部，负担球的压力，无名指和小指在球两侧辅助控制球的方向。

（5）用力方法：在迎球动作的基础上，当手和球即将接触时，手腕和手指要有前屈迎球的动作；当手和球接触时，手腕应稍后仰，以缓冲来球的力量。一般情况下，短距离的传球靠手指、手腕的弹力将球传出。而长距离的传球，则要求队员全身用力，由下而上，两脚蹬地，膝关节近于伸直，髋关节稍屈，含胸直立，最后用手指、手腕的弹力将球传出。手离球后，两臂要伸直，伴送球出手，整个动作协调自然。

2. 技术分析

（1）击球点：要求尽量保持在额前上方约一球距离。原因有三：一是便于队员观察来球，看清对手和传球的目标，有利于对准和控制传球方向。二是便于队员全身协调，有利于提高传球的准确性、稳定性。三是肘关节有一定的弯曲度，便于队员继续伸臂用力，有利于变化传球方向。

（2）腕、指的击球动作：触球前，腕、指应有前屈的迎球动作；传球时，腕、指应根据来球的速度和传球的距离，保持适当的紧张度。前屈迎球动作要小而及时，动作顺序由手腕的前屈带动手指的前屈。接轻球时，迎球动作要柔和；接重球时，指腕稍紧张些，用力稍大些。

（3）全身的协调用力：传球的动作从下肢蹬地到手指击球，由下而上要连贯协调，一气呵成。

3. 动作要领

两眼视球快取位，蹬地伸臂额前迎，正确手型协调力，一气呵成击球出。

（二）背向传球

背向目标的传球称为背向传球。背向传球是传球技术中的一种基本方法，在比赛中运用较多，二传队员必须掌握。

1. 动作方法

（1）准备姿势：队员在正面传球时上体稍后仰，双手自然抬起，置于脸前。

（2）迎球动作：迅速移动，插入传球点下面，抬头挺胸，上体后展，双手上举。

（3）击球点：在头上方，比正面传球略偏后。

（4）手形：与正面传球相似，但触球时手腕要稍后仰，掌心向上，两拇指呈“一”字形托在球的下部。

（5）用力方法：利用蹬腿、展体、抬臂、伸肘和手指、手腕的弹力，把球向后上方传出。

2. 技术分析

（1）背向传球时，下肢蹬地的方向是接近与地面垂直，并通过展体、挺胸、抬头的动作，使抬臂、伸肘、送肩的协调用力方向偏向后上方。因此，背向传球的击球点应保持在头上方的位置，以便于向后上方用力。

（2）由于背向传球是与正面传球完全相反的方向将球传出，因此，传击球时腕要始终保持后仰，手指手腕应向后上方抖动用力，其中两大拇指用力更多些。

（3）由于背向传球看不到传球的目标，因此，队员传球前必须先观察判断好传球的方向和距离，尽量使背部对正传球目标。

3. 动作要领

上体稍直臂上抬，掌心朝上腕后仰，背部正对目标处，协调传球后上方。

（三）侧向传球

身体侧对传球目标，在不转动身体的情况下，靠双臂向侧方传球的动作称为侧向传球。

侧向传球的准备姿势、手形及迎球动作同正面传球，击球点应偏向传出方向的一侧，传出方向一侧手臂稍低于另一侧手臂，且另一侧手臂动作的幅度要大些，伸展的速度也应快些。传球时，队员通过下肢蹬地使身体重心向侧上伸展，以双臂和上体侧屈的协调动作将球传出。

（四）单手上手传球

当来球离身体较远或来球靠近网口时，可用单手传球技术。

1. 来球离身体较远时

接球队员先移动脚步，对准来球位置以右（左）手主动去迎球，手掌朝上托送球的下部。

2. 一传高且靠近网口时

当一传高且靠近网口或将飞过网时，队员两腿蹬地、膝关节伸展，靠近球一侧的手臂上举，手腕后仰，掌心向上，五指适当收拢，构成一个半球状手型，伸至球的后下部，利用腕指的弹力，将球向本方场区传出。

（五）抱传球

当来球弧线较高、较远而身体处于不利位置时，二传来不及采用正面击球动作而采用的侧面击球组织进攻的方式。其动作特点：一只手掌心朝上，五指朝前，另一只手掌心朝前，五指朝侧，两只手在球的后下方形成一个与球相吻合的弧形。

1. 动作方法

（1）准备姿势与迎球动作：基本与正面上手传球技术相同。

（2）击球方法：在接触来球的瞬间，左手全手掌托在球的底部，并向前上方送出，同时右手翻顶球的中后部，左右手协调作用于球，利用托、翻、顶的合力将球传出。

2. 技术分析

（1）击球点位置应使托球手保持大小臂自然弯曲于体侧为宜，这样有利于充分保证手臂运动的幅度和角度，从而控制球的方向、高度和落点。

（2）亦可实现正面传球、侧向传球和背向传球的变化。正抱传：保持一只手掌托球的底部，另一手位于球的中后部，同时向正前方发力。侧抱传：一只手掌托在球的侧下部，另一手位于球的中下部，同时朝侧前方发力。背向抱传：一只手掌托在球的前中下部，另一只手位于球的后中下部，同时朝后上方发力。

三、传球技术的应用

（一）二传

传球在组织进攻中一般是第二次击球，故称为二传。二传是从防守转入进攻的桥梁和纽带，二传的好坏直接影响着进攻技术和战术的发挥。二传质量好，可以弥补一传和防守的不足。二传可以用假动作迷惑、牵制对方，以达到助攻的目的；有时还可直接吊球，起到出其不意，攻其不备的作用。

1. 二传的特点

（1）进攻时传球多。要求二传队员移动取位要及时，身体平衡能力要强。

（2）移动、转身动作多。作为队伍的桥梁和枢纽，二传队员在比赛中要不停地移动、取位。二传队员无论是后排插上传球，还是网前换位后的传球，抑或是拦网、扣球，保护后面的接应传球，都需要移动、取位和转身。移动的目的是快速取位，做好传球准备。转身是为了对正传出球的方向，提高传球的准确性。

（3）身体位置和传球手法变化大。由于一传来球是不规律的，因此，二传队员必须根据球的方向、速度、落点、弧度等具体情况，采用不同的姿势、不同的手法对待，才能将球传到预定的位置，从而达到有效进攻的目的。

2. 对二传队员的要求

（1）基本功扎实。基本功包括眼功、脚功和手功。眼功：视野开阔、眼观四方、头脑冷静、反应敏捷、判断准确。环视能力强，既能看到本方队员的情况，又能观察到对方的布局，思考战术打法，决断快速，对策有效。观察时机应在一传出手后，二传出手前。脚功：移动快，取位好。根据一传的情况，准确判断，及时启动，迅速移动到最佳的传球位置，做好传球的准备，并要有较好的重心稳定性、身体灵活性和动作协调性。手功：传球手法好，应变能力强。掌握送、压、抖、翻等多种传球方法，能在同一击球点位置上传出各种方向、落点和高度的球，做到一点多线，传球更具应变性、隐蔽性和攻击性；能根据进攻队员的助跑起跳情况，主动调整变化传球的动作和节奏。

（2）意志顽强，任劳任怨。作为全队的核心和灵魂，二传队员必须做到在任何情况下，胜不骄，败不馁；冷静沉着、善于战斗、敢于胜利。还要有立足本职、任劳任怨、不计得失、甘当配角的精神；通力协作，为同伴创造良好的进攻机会。

（3）保持良好的手型和传球的身体姿势。传球时的身体姿势要求：稳、准——身体重心稳，对准来球；仰、迎——头仰、手仰，用手去迎球；伸、送——伸膝、伸腰、伸肘，送手腕弹击球。

3. 二传的重、难点

重点：传球手型是否规范，击球点是否正确。二者都会直接影响传球的效果。

难点：传球时的身体协调、用力与配合，主要是上下肢的连贯协调。

4. 二传技术的运用

（1）正面二传：这是二传中最简单、最常用的技术。当一传来球时，二传队员要适当控制球传出的方向，尽量保持正面传球，使球飞向最佳区域。正面二传可根据扣球手的需要和对方的拦网情况将球传高或传低、拉开或集中。

（2）调整二传：将一传不到位或离网太远的球，调整成便于扣球队员进攻的球，称为调整二传。在比赛中，场上每个队员都有做调整二传的任务。调整二传以传高、远球为主，所以要充分利用蹬地伸膝、伸臂及屈腕的全身协调力量将球平稳传出。调整二传应根据扣球队员的位置来调整传球的角度、弧度和落点。传球路线与球网形成的夹角越小越利于进攻球员扣球。一般来说，调整二传时，传球的落点应在扣球队员的前方，约在进攻线附近为宜。

（3）背向二传：背向二传可利用球网全长，来增加进攻点，使进攻战术更丰富，具有一定的隐蔽性和突发性。传球时，二传队员主要靠手感来控制球的方向、速度和落点。背传拉开高球时，要充分利用蹬地、挺胸、展腹和向后上方提肩、伸臂等动作将球平稳传出。

（4）侧向二传：这种传球适应于一传来球近网或平冲飞向球网的球。侧向二传可增加进攻的隐蔽性，有时还可用来做二传吊球。侧向二传球的难度较大，准确性较差。

（5）跳起二传；主要用于传网上高球和即将过网的一传球。队员在跳起二传时，主要是掌握好起跳时间，在身体上升到最高点时传球，尽量提高击球点。这样不仅可以提高进攻节奏，还有利于两次球进攻。

（6）传快球：根据扣球队员的特点和扣球队员的上步速度、起跳时间、弹跳高度和挥臂击球动作的快慢等来决定传球的速度、高度、距离和出手时间，主动把球“喂”到扣球队员最方便扣球的位置上。

（二）传球技术的其他应用

1. 一传

在接轻发球、接推送过来的球以及接较高的吊球、拦回球时，采用传球的方法更能保证一传的准确到位。还可直接传二次球进攻，或突然直接将球快速传入对方空当。队员接大力发球或扣球时，用传球技术做一传容易漏球或“倒轮”。这时一定要做好预判，看准球的速度、弧度及落点，取好位置，腕、指保持适度紧张，伸臂及时、快速，两手同时接触球体将球平稳向上送出。送出的球以不转为好。

2. 二传吊球

二传吊球指二传队员在进行二传前的瞬间，突然改变传球的动作和方向，将球传入对方空当。它是二传队员应该掌握的一项攻击性很强的传球技术，分为双手和单手两种。

（1）双手吊球：以侧传吊球效果更好。当迎球动作开始时，突然改用侧传或背传的动作，将球传向对方空当。传出的球弧度要低，应紧挨着球网上沿飞向对方场区。

（2）单手吊球：在双手二传动作开始前的瞬间，突然高举一只手臂，五指稍并拢，轻拨球的侧下方，使球落入对方空当。单手吊球的击球点应稍靠近球网，并尽量升高。吊球的速度要快，攻击性才大。吊过去的球必须有明显向上的弧度。

3. 第三次传击球

当第三次击球无法组织进攻时，常用传球或扒球的方式将球推向对方场区。传球时，腕、指适度紧张，用蹬地、伸膝、伸臂和压腕的动作，将球快速地传入对方空当或后场两角。

第六节　扣球技术

队员在进攻线后跳起，用一只手或手臂在本方场区上空将高于球网上沿的球击入对方场区的一种击球方法叫扣球。

扣球是气排球技术中攻击性最强的一项技术。一个球队的攻击力的强弱，往往取决于该球队的扣球技术水平。一场比赛中扣球得分一般占整队得分的60%～70%，是取胜的关键，也是一个队争取主动、摆脱被动、鼓舞士气、抑制对方的最积极有效的武器。

扣球的攻击性主要体现在它的速度快、力量大、变化多，可以扣出各种不同性能、不同时间、不同角度、不同落点的变化球，使对方难以拦网、防守和组成反击，从而使本方能顺利夺得发球权和得分。

气排球扣球技术随着气排球运动的发展而不断创新和提高。气排球扣球的发展特点主要体现在以下几方面：打破队员位置分工的限制，每个队员既是接球手同时也是扣球手；充分利用网长和纵深，更多运用变向、变步的助跑起跳方法，使扣球技术向着高度、速度、力量方向发展。

一、扣球技术分类

扣球技术分类有三种：一是按动作分，有正面扣球、勾手扣球、单脚起跳扣球。二是按区域不同分，有原地起跳扣球、后排扣球、调整扣球。三是按运用分，有转体扣球、转腕扣球、打手出界扣球、超手扣球、轻扣球、吊球、冲跳扣球、后撤扣球、扣探空球。

二、扣球技术分析

（一）正面扣球

正面扣球是气排球扣球技术中最基本的一种方法。由于扣球时，队员面对球网,便于观察,加之正面挥臂动作灵活,能根据对方的防守情况,随时改变扣球的路线和力量，控制落点，因此进攻效果较好。初学者必须在掌握好正面扣一般球后，再学习其他扣球技术。

1. 动作方法

（1）准备姿势：队员扣球助跑前采用稍蹲姿势，两臂自然下垂，站在离网 2 米左右处，身体转向来球方向，眼观来球，做好向各个方向助跑起跳的准备。

（2）助跑：助跑开始时，队员的左脚先向前迈出一步，紧接着右脚再快速跨出一大步，左脚及时并上，踏在右脚之前，两脚尖稍向右转，两臂绕体侧向上引摆。

（3）起跳：在右脚助跑跨出最后一步（第二步），左脚并上踏地制动的同时，两臂自后积极向前摆动，随着双腿蹬地向上起跳，两臂配合起跳有力地向上摆动，同时快速展腹带动身体腾空而起。

（4）空中击球：起跳后，队员要挺胸展腹，上体稍向后仰并稍向右转，右臂向后上方抬起，肘高于耳，身体呈反弓形。挥臂时，迅速转体、收腹发力，依次带动肩、肘、腕各部位关节完成鞭甩动作并向前上方挥动。击球时五指微张，以掌心击球为主，全掌包满球，在手臂伸至最高点的前上方击球的后中部，同时主动用力甩腕、屈指控制住球，并向前下推压，使扣出的球呈上旋。

（5）落地：落地时以两脚前脚掌先着地，再迅速过渡到全脚掌着地，同时顺势屈膝、收腹，以缓冲下落的力量，做好下一个动作的准备。

2. 技术分析

（1）助跑

助跑的目的，一是接近球，选择恰当的起跳点。二是利用助跑的水平速度配合起跳，增加弹跳高度。助跑的方向、速度和步数根据来球的方向、速度、弧度、落点来决定。助跑第一步要小，找准上步方向，第二步要大，调整身体与球的距离，解决好人、球的位置关系。

①步法：助跑的步法种类很多，在运用中要因球而异、因人而异，力求灵活，适应性强。但无论采用几步助跑，都是第一步要小，最后一步应大。现以三步助跑右手扣球为例分析如下：

第一步，以左脚向来球的落点方向自然迈出一步，其主要作用是确定助跑方向。这一步应小，但要对正上步的方向，因此也叫方向步。

第二步，步幅要大，步速要快，使支撑点落在身体重心之前，身体稍向后倾，重心自然后移和降低，从而有利于制动。

第三步，即最后一步，要以右脚的脚跟先着地，再过渡到全脚掌着地，这样有利于控制身体的前冲力，增加腿部肌肉的张力，从而提高弹跳高度。这一步起着调整身体与球的距离、决定起跳点的重要作用。

②助跑的时机：助跑起动过早或过晚，都会影响扣球的质量。二传球低或传球速度快时，起动要早一点，球高则晚一点；动作慢的队员起动早一点，动作快的队员则晚一点。

③助跑的路线：由于二传来球的落点不同，扣球队员助跑的方向和路线也不相同。以 4 号队员扣球为例，其助跑路线主要有三种（图 2-2）：扣集中球采用斜线助跑；扣一般球采用直线助跑；扣拉开球采用外绕

助跑。

（2）起跳

①起跳的步法：助跑的最后一步称为起跳步，它既是助跑的结束步法又是起跳的准备动作。常用起跳步法有两种：一是并步起跳，即一只脚跨出一大步后，另一只脚迅速向前并步，随即蹬地起跳。这种方法属于调整起跳时间，适应性强，制动效果好，身体重心易保持稳定，但对起跳高度稍有影响。二是跨步起跳，即一只脚跨出一大步的同时，另一只脚也跟着跨出去，有一个腾空的阶段，两脚同时落地，蹬地起跳。这种方法能充分利用人体下落的重力加速度，来增加弹跳高度，但不利于加快助跑速度，易影响起跳节奏，不利于快速起跳。

②起跳的位置：一般应选择在距离球一臂之远的位置起跳。这样才能保持好身体和球合理的位置关系，便于充分发挥全身的协调力量，保持较高的击球点。

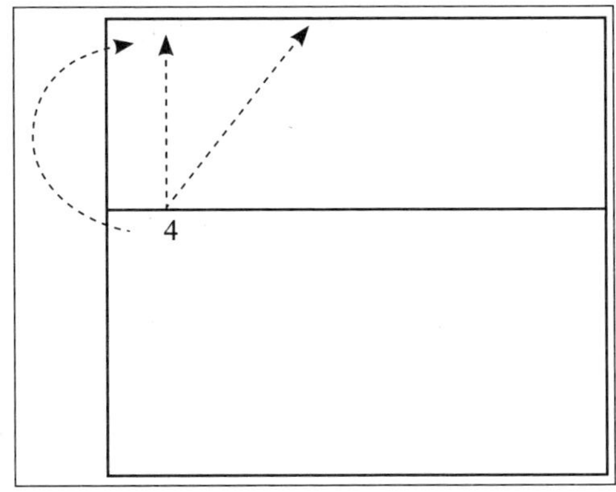

图 2-2　助跑路线

③起跳的摆臂：起跳时的手臂摆动一般有两种方法。第一种，划弧摆臂。以肩关节为轴，两臂经体侧后再向前上方划弧摆动。这种摆臂可根据需要来变化划弧的大小，动作连贯协调，便于调整摆臂速度和节奏，适应性强，运动较普遍。第二种，前后摆臂。两臂由体前先向后摆动，然后再由后向前上方直接摆动。这种摆臂振幅较大，摆动较有力，有利于提高弹跳高度，但因动作大，使空中的转体动作不便，对及时快速起跳有影响。

（3）空中击球

①挥臂方法：当队员起跳身体腾空后，左臂摆至身体前方，协调保持上体的空中稳定。击球手臂应屈肘置于头侧，肘高于肩，身体呈反弓形。挥臂前合理的屈肘动作，可以缩短挥臂时以肩为轴的转动半径，以减少转动惯量，提高挥臂的初速度。随之边摆臂边伸肘，加长转动半径，

增加挥臂的线速度。在挥臂转动的角速度不变的情况下，上臂甩得越直，挥动半径越大，线速度也就越快，扣球越有力。这种挥臂方法，既能扣高弧度球，也能扣低、平弧度球，适应范围较广。

②击球动作：击球时，要求击球的手有巨大的动量和速度，而扣球中全身协调的击球力量是由于手臂的鞭打式动作，最后通过手腕的甩动和加速，由全手掌作用于球体的。所以，击球时应注意三点：一是要打准。全手掌击球，用全手掌包住球，与球相吻合，以保证手腕关节很好地参与整个鞭甩动作。二是在最高点击球，手臂向前上方挥击时应有提肩动作。在击球的一刹那，手臂要充分伸直。三是充分发挥前臂加速度。前臂应有明显的抽鞭似的动作，带动手腕的鞭甩动作，并在手掌触球后仍继续加速，以加大对球的作用力。

③击球点：扣球的击球点应在起跳最高点和手臂甩直的最高点的前上方。手臂与躯干的夹角约为 164°。一般近网扣球的击球点略靠前，远网扣球的击球点应保持在头的上方，用全手掌击球的后中部，手腕有明显的推压动作，使球急速上旋飞入对方场区。

3. 动作要领

一小二大三制动，助跑节奏方向清；挥臂抬肘要过肩，收胸振臂腰腹力；带动臂腕鞭形甩，全掌包压高点击。

（二）单脚起跳扣球

单脚起跳扣球是指助跑的最后一步单脚踏地，另一只脚直接向前上方摆动帮助起跳的一种扣球方法。单脚起跳扣球在气排球比赛中常常用于战术进攻及处理球的扣球。单脚起跳由于第二只脚不落在地面而是直接上摆，且起跳腿下蹲较浅，因而它比双脚动作快 0.2 秒左右。它在充分利用助跑速度的同时，再加上右腿积极上摆的协调动作，比双脚起跳冲得更远，跳得更高。所以它既能高跳扣定点高球，又能追球起跳扣低弧度球，有利于控制时间和空间，这对突破和避开拦网有重要作用。

准备姿势采用单脚起跳扣球，可采用一步、两步或多步助跑。助跑的路线与进攻线的夹角不宜过大或过小，以免触线犯规。助跑后，左脚跨出一大步，身体重心稍向后倾，在右脚向上摆动时，左脚用力蹬地，起跳的同时两臂积极配合上摆。起跳后的扣球动作与正面扣球基本相似。扣球结束后双脚落地缓冲，做好下一个动作的准备。

（三）勾手扣球

气排球中起跳后侧对球网，运用勾手动作挥臂击球的一种扣球技术。特点：力量大，可增加扣球点，扩大进攻面，隐蔽性强，对方不易拦网。二传球远网时，仍能保持有利的进攻位置，并能弥补起跳过早冲到球前的失误。勾手球一般扣由后场传来的调整球和远网球。

动作方法（以右手扣球者为例）：助跑的最后一步使左肩转向球网，或在起跳后在空中转向球网。起跳后上体稍向后仰，向右扭转，右肩下沉，右臂上提至体侧，掌心朝上，五指微呈勺形。像勾手大力发球一样猛力向左转体收腹，带动手臂的挥动击球。手臂充分伸直，向左前上方画弧。在头的右前上方最高点用全掌击球的后中下部，击球后，面向球网。目前，在一些中老年水平的球队中运用较多。落地时，为避免受伤，力争双脚同时落地，由前脚掌过渡到全脚掌，同时迅速屈膝缓冲下落力量，并做好下一个动作的准备。

勾手扣球应特别注意两点：一是起跳后，应使身体保持在球与网之间，便于掌握击球。二是充分利用收腹转体的动作带动手臂击球，以保证球的威力。

（四）调整扣球

扣球队员扣从后场区调整传到进攻线附近的球为调整扣球。调整扣球是各种扣球的综合运用，是强攻能力的集中体现。在比赛中，调整扣球的数量比较多，掌握好调整扣球的技术对提高得分能力、降低失分有重要的作用。由于后场区调整传球的方向、角度、弧度、速度和落点的不同，扣球的动作也有所区别。可用正面扣球、勾手扣球和单脚起跳扣球等，以保证攻击力。

调整扣球应注意的问题：扣球队员要及时调整好扣球的角度，熟练掌握各种助跑起跳方法（如多步、一步、原地踏跳、倒跨步、后撤步等），看准来球位置，合理运用助跑技术，调整好人与球的距离，以保证有利的进攻位置；在空中要灵活地转动身体、手和手腕，手法多变，控制扣球的力量、路线和落点；不断提高腰腹的爆发力、手臂的挥动速度和腕指控球的能力；准确掌握击球部位和推压动作。

（五）冲跳扣球

冲跳扣球是气排球常用的主要扣球技术之一。起跳扣球技术动作结构与正面扣球动作基本一致。在进攻线后起跳，充分利用向前冲跳缩短与网的距离。冲跳扣球步频快、距离长、速度快，无需制动和深蹲，助跑步数一般为两步或三步。起跳时的主要技术特点：队员起跳时双腿稍蹲，两只脚拉开一定的距离，两臂在体侧主动向前摆动；起跳后，抬头挺胸，上体前倾，手臂上举，后拉幅度小，主要利用甩前臂的动作发力，以肘为轴，加强屈肘和甩腕的动作。击球时，右臂向前上方，手臂伸直至最高点用全手掌击球后中部，同时用手腕推压动作使球加速上旋飞行。

三、扣球技术的运用

（一）原地或一步起跳扣一般球

在气排球扣球中原地或一步起跳扣一般球的运用比较多。这种扣球主要动作特点是采用快速起跳的方法，能够比较好地选择扣球的时机，对各种二传球适应广泛。动作方法是：原地或并步起跳，即原地踏跳或一只脚跨出一大步后，另一只脚迅速向前并步，随即蹬地起跳。动作方法的关键是快速起跳，选择适宜的起跳时机，找准起跳点。

（二）转体扣球

在起跳或击球过程中，改变上体方向的正面扣球称转体扣球。转体扣球与正面扣球的动作方法大致相同，主要区别是将击球点保持在左（右）侧前上方。击球时，队员在空中利用向左（右）转体和收腹的动作带动手臂向左（右）挥动，以全掌击球的右（左）侧上方来改变扣球的方向。

（三）转腕扣球

扣球队员在击球时，突然利用肩、前臂和手腕的转动来改变扣球的路线，称为转腕扣球。

1. 向外转腕扣球

扣球时，起跳动作与正面扣球相同，但击球点应保持在右肩前上方。击球时，右肩上提并稍向右转，前臂向外转，手腕向右转甩动，同时上体和头部向左偏斜，以全掌击球左侧上方。击球时肘关节应伸直以加快挥臂的速度。

2. 向内转腕扣球

扣球时，击球点应保持在头的左前上方，前臂内转，手腕向左甩动，以全掌击球的右侧上方。这种扣球主要用于后排右和后排中扣斜线球。

（四）扣快球

快球是气排球比赛中以快、巧制胜的有效方法，是快速进攻的手段之一。扣球时，扣球队员在二传队员传球出手时或出手前的瞬间快速起跳，并迅速挥臂（以前臂手腕为主）击球，使对方队员来不及拦网。扣快球助跑距离短、速度快，随一传球同时助跑到进攻线后，一般与进攻线成呈 45° 夹角，要浅蹲快跳，以便于加快起跳速度，跳起在空中等球；击球手臂后引动作要小，主要利用含胸、收腹的动作，带动前臂和手腕快速鞭打式挥动，用全掌击球的后中上部。

（五）打手出界

指扣球队员有意识地使扣出的球触及拦网队员的手后飞出界外的扣球方法。当球传到进攻线附近上空时，扣球者对住拦网者外侧手的外侧部位击球；还可以将球扣在拦网者的手指尖部位，使球出界。

（六）超手扣球

扣球队员利用自己的身高和弹跳优势，将球从拦网者手的上空击入对方场区的一种扣球方法。超手扣球应充分利用助跑起跳来增加弹跳高度，保持较高的击球点；充分利用收胸动作来带动挥臂，挥臂最后阶段手臂要向上充分伸直，利用前臂加速挥动和甩腕动作，以全手掌击球的后中上部，使球从拦网者手的上方呈长线飞出。

（七）轻扣球

指扣球队员佯作大力扣球，而在击球前的瞬间突然减慢手臂挥动速度，将球轻轻击入对方空当的一种扣球方法。轻扣球的助跑、起跳、挥臂动作应与扣重球一样逼真，但在击球前的瞬间手臂挥动速度突然减慢，手腕放松，用全掌包满球，大力向前上方推搓，使球呈弧线落入对方空当。

（八）吊球

指扣球队员以轻灵的单手传球动作，使球避开或越过拦网者的手落入对方场地空当的一种击球方法。扣球队员起跳后佯作扣球，然后突然改变动作，以单手传球的手法击球的后下方或侧后下方，将球吊入对方空当。击球时，手臂应尽量伸直，以争取高点击球。

吊球时应注意：队员起跳后，首先要做出大力扣杀的动作，然后转入吊球。要以手指、手腕弹击球。如对方有人保护拦网队员，可吊斜线球；如场中无人，可吊向中场；如人集中在中场，则吊向后场两个边角。

第七节　拦网技术

队员靠近球网，在高于球网处（老年组不能过网）阻挡对方来球的行动并触及球，称为拦网。

拦网既是防御，也是进攻。拦网不仅可以将对手的扣球拦回、拦起，减轻后排防守的压力，而且可以直接将球拦死，成为得分的重要手段。此外，它还能干扰和破坏对方进攻战术的组织，削弱对方进攻的锐气，动摇对方的信心，给对方造成心理上的威胁。就防守而言，拦网是气排球比赛中的第一道防线；就攻防转换看，拦网又是第一道进攻线。因此，拦网水平的高低，直接影响比赛的胜负。“拦网不好，后排难保”，目前，气排球比赛的一大看点就是扣球与拦网的网上之争。高水平的气排球比赛，如果没有强有力的拦网，后排防守将非常困难。拦网技术的提高和创新，对促进气排球运动的发展有着重要的作用。

一、拦网技术分类

拦网技术按人数可分为单人拦网、双人拦网、三人拦网；按运用与变化可分为原地拦网、移动拦网、拦强攻、拦快球、拦远网攻等。

二、拦网动作分析

拦网动作由准备姿势、移动、起跳、空中击球和落地五个部分组成。

（一）单人拦网

1. 动作方法

（1）准备姿势：队员面对球网，两脚左右开立，约与肩同宽，距网 20 ~ 30 厘米，两膝微屈，两臂屈肘置于胸前。

（2）移动：常用的步法有一步、并步、交叉步、跑步等。无论采用哪种移动步法，都要做好制动动作，以保证向上起跳，避免触网和冲撞同队队员。移动时根据对方扣球队员的位置及时向左或向右移动。

（3）起跳：有移动起跳和原地起跳两种。原地起跳时，两腿屈膝，重心降低，随即用力蹬地，两臂以肩发力，在体侧近身处，做划弧前后摆动，帮助身体迅速跳起。移动起跳时，其起跳动作与原地起跳相同，但要注意制动并使移动与起跳动作紧密衔接。

（4）空中击球：起跳时，两手从额前沿球网向上方伸出，两臂向上伸直并保持平行，两肩上提，两臂中间的距离要小于球体，手指张开呈勺形，两个食指应保持平行。当手触球时，两手要突然紧张，手腕适度下压盖在球的前上方（老年组）。在中青年组和大学生组比赛时，拦网双手应对对方扣球伸手过网主动用力“盖帽”，使球反弹角度小，对方难以保护。在拦远网球时，对方击球点高，可采用手腕后仰的方法，堵截扣球路线，将球向上拦起。

（5）落地：拦球后，队员要做含胸动作，以保持身体平衡。手臂从网上收回至本方上空，再屈肘向下，以免触网。与此同时，屈膝缓冲，双脚落地，随即转身面向后场，准备接应来球或做下一个动作的准备。

2. 技术分析

（1）选位

以五人制为例，一般情况下 2 号位、4 号位队员站在离边线 0.5 ~ 1 米，3 号位队员居中。当对方以中路跑动进攻为主时，2 号位、4 号位队员应相对靠近中间站位。

（2）移动

拦网的移动方向主要是向两侧和斜前方，移动时采用的步法可归纳为“前一步，近并步，中交叉，远跑步”。

①一步移动：须做好制动动作，保持垂直向上起跳。

②并步移动：向两侧近距离移动时采用。其特点是能保持面对球网，便于观察，也便于随时起跳，但移动速度较慢。（图 2-3）

③交叉步移动：中距离移动时采用。具有移动速度快，制动能力强，控制范围大的特点。交叉步移动后，两脚着地时，脚尖应转向球网。（图

2-4）

④跑步移动：移动距离较远时采用。特点是移动距离远、速度快，但对制动要求高。如向右侧跑动时，身体先向右转，顺网跑至起跳位置时，应先跨出左脚制动，接着右脚再向前跨出一步，使两脚平行站立，脚尖转向球网，随即起跳；若脚尖来不及转向球网，应在起跳过程中边跳边转身，以保证起跳后能面向球网进行拦网。为了提高拦网高度，可以将助跑与起跳衔接起来成为助跑起跳。

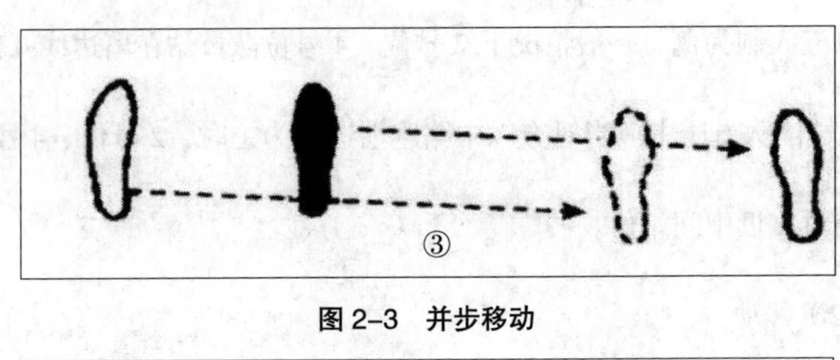

图 2–3　并步移动

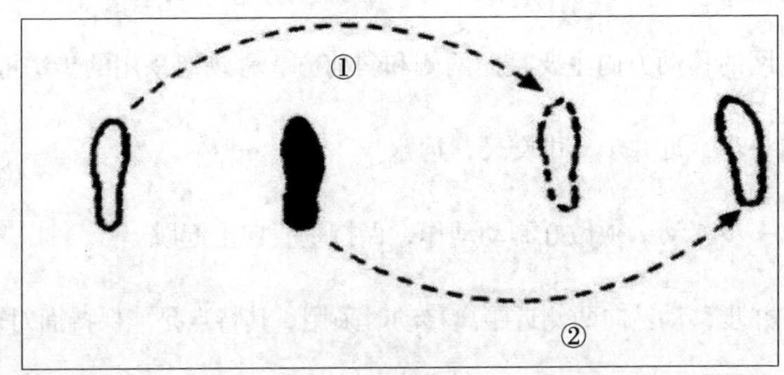

图 2–4　交叉步移动

（3）起跳

①起跳位置：在正确判断对方扣球路线的情况下，拦网队员应选择能拦住对方主要进攻路线的位置起跳。拦一般球时，应迎着对方助跑线

路起跳；拦拉开球时，应选择距离边线约 50 厘米的位置起跳；拦后排远距离队员扣球时，应选择对方队员扣球与本方场区两底角连线所形成的夹角的中央位置起跳。

②起跳时间：掌握正确的起跳时间，是拦网成功的基础。拦网队员的起跳时间，应根据二传球的高度、离网的远近、扣球者的起跳时间和扣球动作的特点来决定。如果扣球是远网高球，起跳应迟些；如果是低球，起跳应早些。一般情况下，拦网者应比扣球者晚跳。但如果是拦后排快球，拦网者应与扣球者同时起跳。

③起跳动作：拦网起跳前，要充分利用手臂的摆动来帮助起跳，如果来不及，可在身体前划小弧用力小摆，以带动身体垂直上跳。一般拦快球采用快速起跳的方法，做到浅蹲快跳，以小腿发力为主。拦高球时，采用深蹲高跳的方法。拦快球采用快速起跳，做到浅蹲快跳，以小腿发力为主。

（4）拦网方法

①老年组比赛：拦网手型为手指微屈，自然张开，手掌与扣球路线垂直或后仰。触球时，腕指保持一定紧张度，利用压腕、压指将球拦过对方或利用控制、缓冲将球拦回本方。手臂垂直上举，触球点保持在本方场地上空。

②中青年及其他组别比赛：现在的气排球比赛中，除了老年组的比赛，其他组别都允许队员的手过网拦网，但必须在对方进攻性击球后才能触球。方法主要有以下两种：

a. 伸臂动作：拦网触球时，两臂应尽量伸直，两肩尽量上提，前臂要靠近球网，两手间距离应小于球体的直径，以防止漏球。伸臂动作要及时，过早容易被打手出界或者被避开拦网手扣球；过晚不易及时阻拦扣球。一般应在对方扣球的瞬间伸臂较好。

b. 拦球动作：拦网触球时，两手应主动用力盖帽或捂球，使球反弹角度小，对方保护困难。为了防止对方打手出界，拦网队员的外侧手掌应稍向内转。拦远网球时，为了提高拉网点，可不采用压腕动作，而是尽量向上伸直手臂或手腕。如对方击球点高，不能罩住球时，可采用手腕后仰的方法，堵截扣球路线，将球向上拦起。

3. 动作要领

判断准，移动快，制动稳，及时跳，伸臂捂。

（二）集体拦网

由前排两个或三个队员互相靠近，同时起跳组成的拦网，称集体拦网，是比赛中最常用的一种拦网形式，主要在对方大力扣球时采用。拦网的技术动作与单人拦网相同。

1. 动作方法

（1）双人拦网

双人拦网是集体拦网的主要形式。主要由 2 号位、3 号位队员或 3 号位、4 号位（五人制）队员所组成。当对方从 4 号位组织拉开进攻时，应以本方 2 号位队员为主，3 号位队员移动靠拢协同配合拦网。如果较集中，则以 3 号位队员为主，2 号位队员进行配合拦网。当对方从 3 号位进攻时，应以本方 3 号位队员为主，4 号位队员协同配合。当对方从 2 号位进攻时，则以本方 4 号位队员为主，3 号位队员协同配合。

（2）三人拦网

在五人制比赛中，多在对方高点强攻的情况下运用。在组成三人拦网时，无论对方从哪个位置进攻，都应以本方 3 号位队员为主，两边 2 号位、4 号位队员为辅进行配合。

2. 技术分析

集体拦网时，应以一人为主拦队员，其他队员为配合队员。但主拦人员不是固定的，一般情况下，距离对方扣球点近的队员为主拦队员。主拦队员必须抢先移动到对方扣球点的位置，做好起跳准备，配合队员则迅速移动靠近主拦队员准备同时起跳。起跳时，队员的手臂应在体前划小弧向上摆伸，尽量垂直向上起跳。队友之间的距离一定要合适，距离太远，跳起后将出现“空门”；距离太近，起跳时会互相碰撞和干扰。手臂在空中既不能重叠，造成拦击面缩小，又不能间隔太宽，造成中间漏球。扣球靠近边线时，靠近边线的拦网队员外侧的手应适当内转，以防打手出界。

三、拦网技术的应用

（一）拦强攻扣球

强攻扣球的特点是击球点高，力量大，路线变化多。在比赛中，一般都是采用双人或三人（五人制）拦网来对待强攻扣球。拦强攻扣球要求拦网队员慢起高跳，充分发挥高度。

1. 拦集中球

集中球的击球点在标志杆以内一般距离区域内，拦网者应以拦斜球为主，兼顾直线。当发现对方改变扣球路线时，要随即改换手法进行拦截。

2. 拦拉开球

拉开球的击球点多在标志杆附近的上空，应尽量组织集体拦网。如果击球点在标志杆处，要拦其斜线；如果击球点在标志杆以内，外侧队员应拦其直线，外侧的手腕应向内转，以防打手出界。

（二）拦快球

1. 拦近体快球

一般采用单人拦网，击球点靠近球网。拦网时，拦网队员应与扣球队员同时起跳。起跳时要正对扣球队员，两手伸过球网接近球，力争把球罩住。

2. 拦短平快球

短平快的二传球是顺网平弧度快速飞行，拦网时要人球兼顾；根据扣球队员的助跑路线和起跳位置来进行取位和起跳，堵截其主要扣球路线。

（三）拦打手出界球

拦打手出界球时，靠近边线拦网队员的外侧手在拦击球的一刹那，手掌应转向场内，以防打手出界。若遇对方有明显的打手出界或扣平冲球的动作时，拦网者应及时将手收回，造成对方扣球出界。

（四）拦远网扣球

远网扣球点离网较远，应尽量组织集体拦网。拦网时，手根据来球高度向上伸，堵截其主要扣球路线。拦截这种球的关键是要掌握好起跳的时间和选择正确的起跳位置。一般情况下，应在对方击球的一瞬间起跳，单人拦网时，应在正对其主要扣球路线的位置起跳；集体拦网时，主拦队员在选择起跳位置时，应留出一定位置让同伴与自己进行配合。

第三章　气排球战术

第一节　气排球战术的基本理论

一、气排球战术的概念

气排球战术是指运动员在比赛中，根据气排球竞赛规则和气排球运动的规律、比赛双方的具体情况和临场竞赛的发展变化，合理运用个人技术及集体配合所采取的有意识、有组织的行动。

二、气排球战术的分类

根据不同的分类方式，气排球可演化出不同的战术体系。

（一）按战术的参与人数分类

根据参与战术体系人数的多少及配合的差异性，可以分为个人战术与集体战术两大类。

个人战术包括发球个人战术、一传个人战术、二传个人战术、扣球个人战术、拦网个人战术、防守个人战术。集体战术包括接发球及其进攻战术、接扣球及其进攻战术、接拦回球及其进攻战术、接传垫球及其进攻战术。

（二）按战术的组织形式分类

根据对抗过程中所采取的不同组织形式分类，可将气排球战术分为进攻与防守战术两大类；在相应过程中有目的地变化各种战术阵型与打法，从而形成相对完整的战术体系。

1. 进攻战术

（1）进攻阵型

①五人制：中二二进攻、边二二进攻、后排插上进攻。

②四人制：中三进攻、边三进攻、插三进攻。

（2）进攻打法：包括强攻、快攻、两次球及转移进攻、立体进攻。

2. 防守战术

防守战术包括接发球防守阵型、接扣球防守阵型、接拦回球防守阵型、接传垫球防守阵型。

三、气排球战术指导思想

气排球战术指导思想是一支球队在训练和比赛中指导战术行动的主导思想和基本原则。正确、先进的指导思想既应符合气排球运动的客观规律和本队的实际情况，也应适应气排球运动的发展趋势。战术制定的指导思想：针对队伍在不同时期的不同对手进行考虑，从实际出发，全面分析，扬长避短，从而形成自身独特的风格。

气排球运动自1984年问世至今，已开展了40年，经过不断改革与完善，在内容、形式、赛制、规则、器材等方面日益革新。近年来，国家体育总局将其作为全民健身项目进行推广，使其在全国范围内已得到广泛普及，关注度也相应提高。随着气排球技战术的变革和不断创新，不同地区间也逐渐形成了各自的打法体系，目前，气排球运动已呈现出“个人全面，攻防均衡，全攻全守，高快立体，灵活多变，简练实效”的战术发展趋势。

四、气排球战术意识

气排球战术意识即战术素养，是指运动员在发挥技术的过程中支配自身行动并带有一定战术目的的心理活动，也是运动员在气排球比赛中合理运用技术和实现战术时所具有的经验、才能和智慧。运动员在比赛中的判断能力、应变能力和实践能力，以及每一项技术、战术的正确运用能力，都受一定战术意识的支配，并包含有战术意识的内容。运动员战术意识的强弱是衡量其是否是一名成熟运动员的重要标志，因此，在训练和比赛中，应注重培养运动员的战术意识，从而提高他们正确合理运用技术的能力、临场判断与应变的能力，迅速积累比赛经验。

根据气排球运动的规律与特点，可以从以下几方面培养与提高战术意识：（1）技术的目的性。（2）行动的预见性。（3）判断的准确性。（4）进攻的主动性。（5）防守的积极性。（6）战术的灵活性。（7）动作的隐蔽性。（8）配合的集体性。

五、气排球战术能力

气排球战术能力是运动员竞技能力的重要组成部分。在与对手的技能、体能、心理和智能基本相同的情况下，战术能力的作用就更加突出，常常在取胜中占有重要的地位。随着年龄的增长和运动技术水平及身体能力的提高，战术能力在竞赛中的作用也会随之而加强。

战术能力与技术、身体、心理等多种竞技能力都有着密切的关系。技术能力是战术能力的基础，身体能力是提高技战术能力、实施战术配合的重要先决条件，心理能力则是技术能力和战术能力发挥的保证。运动员思维的敏捷性、灵活性、预见性和创造性等既是体现智能的重要方面，也是战术意识的基础。此外，战术能力的提高又必然地促进体能、技能、心理和智能的快速发展。

六、气排球技术与战术之间的关系

气排球技术是任何一种气排球战术出现与发展的基础，所有的战术体系均是在合理熟练运用各项技术的基础上形成的。在实战中运用各项基本技术，适时根据实战的需要与变化，产生某种战术设想，进而改进原有的技术，灵活组合各项技术而形成新的战术配合，以适应实战的需要。此外，战术意识与体系的变革也会给技术的革新提出新的启示，从而改变技术的发展轨迹，亦可创造新的技术，因此，气排球技术与战术是相互联系、相互依存、相互促进、相互制约的。

七、个人战术与集体战术的关系

气排球是集体性项目，要获得战术上的胜利就需要全队各个成员间的密切配合。在每个个体充分发挥自身特长的基础上，还必须通过集体间的默契合作才能实现集体力量的提升，最终取得优胜。太过强调或依赖于个人力量，或是过于追求集体配合而忽视个人能力的提高，都无法达成这一目标，因此，在这个过程中就必须取得个人战术与集体战术的平衡。

个人战术是指队员在比赛中根据临场情况的变化，有目的、有针对性地使用个人技术动作；集体战术是指两个或两个以上队员之间有组织、有目的地集体协同配合。个人战术是集体战术的组成部分，集体战术是个人战术的综合体现，二者之间的关系是局部和全局的关系。个人战术要促成集体战术的实现，集体战术要有利于发挥个人战术的特长和作用，二者相辅相成、相互促进、相互弥补。一支队伍个人战术与集体战术水平的高低，取决于以下因素：（1）基本技术的全面性、准确性、熟练性、实用性的程度。（2）阵容配合的合理性，个人特长的应用与积极的合理调配。（3）了解与判断双方人员特点及战术布置情况的准确度、深度及广度。（4）临场应变能力和实战经验的积累。（5）技、战术指导思想是否先进、准确。（6）是否具有集体主义、团结协作和顽强拼搏的精神等。

八、进攻战术与防守战术的关系

在气排球比赛中，为了使球在对方场区落地或造成对方失误、犯规而采取的一切合法手段，都称之为进攻。反之，为了不使球落在本方场区的一切合法手段，均为防守。攻、守这对矛盾贯穿于气排球运动的始终，攻中有防，防中有攻，两者是紧密相连和相互依存的。进攻是赢得胜利的有效途径，但进攻必须以防守为基础，防守不仅是减少失分的重要方面，也是得分的基础。除发球外，每发动一次进攻都是在防守的基础上进行的，没有防守，就没有进攻；而防守的目的是保证与实现进攻，片面地强调进攻或防守都是不正确的。因此，在训练和比赛中，必须贯彻攻防兼备、全攻全守的指导思想。

九、气排球战术的发展与演变

气排球比赛的战术形式和战术内容最初是借鉴了室内六人制排球的战术体系与模式，但随着运动实践的积累与参与人群年龄段的拓展，竞赛规则与竞赛方法也产生了比较明显的变化，使气排球的战术指导思想与组合体系也得到了不断的丰富与革新。目前，气排球战术呈现如下趋势：

（一）“个人全面”与“全攻全守”成为战术主体

气排球战术的进攻点大都在进攻线附近展开，要组织多种多样的战术，就必须在个人技术和个人战术全面熟练掌握的前提下，通过一系列跑动，在进攻线前后的多个进攻点组成多种配合，全体场上队员前后掩护，轮流进攻，使整体进攻战术发挥最大效益。同时，由于规则的不断修改，气排球比赛中的攻防力量趋于平稳，防守已成为掌握场上主动权或得分的重要方面。拦网是防守战术中的第一道防线。当前，“前高拦，后低防”已成为防守战术的发展新趋势。气排球比赛中，由于两米进攻线的限制，动作和力量都受到一定影响，拦网时要充分利用高拦网拦死或拦起，并与后排防守一起加快拦、防反击的速度，使前后排形成有效的防守网络，以获得最好的“全攻全守”攻防效果。

（二）“快速”与“多变”组成战术核心

首先，快速的进攻、快速的调整、快速的配合、快速的防守已成为当前掌握比赛主动权的重要手段之一。“快速”不仅要求队员个人动作反应快、肌肉控制能力强、队员间默契程度高，更重要的是建立在全队整体配合基础上的快，全队队员场上行动能力强，随场上情况的变化而快速变化。

其次，单一战术组合已不再适应现代气排球运动的发展和要求，而多种战术方式的有效组合、创新及临场变化组合，使气排球运动充满了无限的可能，也展现出无穷的魅力。

（三）合理、简练和实效为战术运用趋向

气排球战术组合和运用的最终目的是获得比赛胜利。在《气排球竞赛规则》的指导下，气排球比赛的竞争性日趋激烈，尤其是在青年组和大学生组的比赛中。在个人全面、全攻全守、快节奏、多变化的整体战术体系中，各种战术组合和运用都在朝着更为合理、简练、实效的途径发展，这已经成为制胜的重要手段。简练的战术配合，在时间上更节省，在速度上更快捷，在结果上更具实效。因此，合理、简练、实效的战术运用，已成为现代气排球战术发展的趋向。

第二节　气排球战术组成的基本方法

一、阵容配备

（一）阵容配备的概念和目的

阵容配备是参赛队根据比赛的任务、本队战术组织的特点及队员的身体情况，有针对性、合理地安排出场队员及位置分工，充分地调配力量，科学地组合人员的筹划过程。阵容配备要将全队的力量有效地组织起来，扬长避短，最大限度地发挥每个队员的作用和特长，充分调动队员的精神力量和技战术水平，使队员更加积极主动地投入比赛中。

（二）阵容配备原则

1. 择优原则

选择作风顽强、心理素质好、体能强、技术与临场应变能力强的成员组成主阵容，同时考虑到每个位置上替补队员的安排。

2. 攻守均衡原则

努力使各轮次间的攻守力量趋于均衡；尽量避免弱轮次的出现，以保证整体战术效应的稳定性和成效性。

3. 相邻默契原则

将平时合作默契的二传与攻手安排在相邻的位置上，使之能娴熟配合，以产生良好的战术效应。

4. 轮次针对原则

根据对方队员的位置，轮次安排有针对性。如拦网能力强的队员对准对方攻击力强的队员，以遏制对方的进攻；遇对方进攻强的轮次时，可安排发球攻击性强的队员发球，以破坏对方的一传，使对方难以组成进攻战术，取得先发制人效果。

5. 优势领先原则

轮次的安排要注意发挥本队的优势。如把攻击性强的队员安排在最得力的位置上；把发球最强的队员安排在最先发挥其优势的位置上，以争取开局的主动，鼓舞本队士气。

（三）阵容配备的基本形式

1. 五人制阵容配备基本形式

（1）“四一”配备：由四名进攻队员和一名二传队员组成（图 3-1）。其特点是二传队员与攻手分工明确，进攻点较多，进攻战术富于变化，全队只需要适应一名二传队员队员的技术特点，相互间的配合更为默契，有利于教练员对比赛的指挥与控制，队员领会与执行战术意图。不足之处：对二传队员的体能及分配球的能力要求较高；二传队员插上后，出现后排防守薄弱问题。因此有些队伍会培养接应二传队员代替其中一名攻手的位置，以弥补后场防守与调整球的问题。

（2）“三二”配备：由三名进攻队员和两名二传队员组成。又可根据二传队员的站位分为两种阵型：一为二传队员站于前排 3 号位和后排 5 号位（图 3-2），二为二传队员站于前排 3 号位和后排 1 号位（图 3-3）。这种阵型在五人制中采用较多，特点是二传队员与攻手的数量及站位分布比较合理，每个轮次均能保证有一名二传队员，且前后场均有二传可以调整球，保证了多点进攻，战术配合较稳定。不足之处：会出现两名二传队员同时在前后场区的情况，进攻点减少，降低了本方进攻实力。理想阵容：二传队员具有较强的进攻和拦网实力。

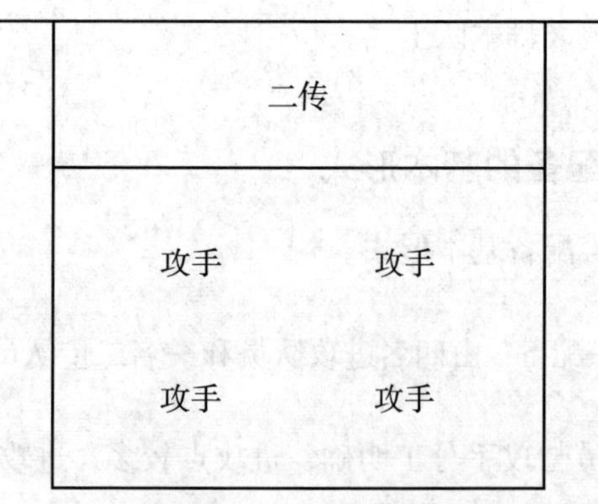

图 3–1 “四一”配备

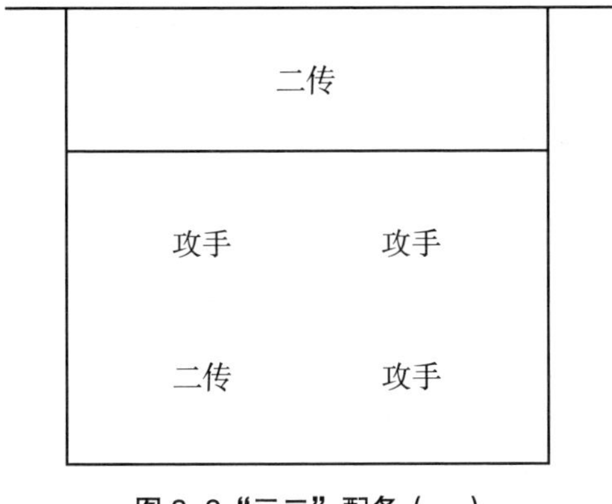

图 3–2“三二”配备（一）

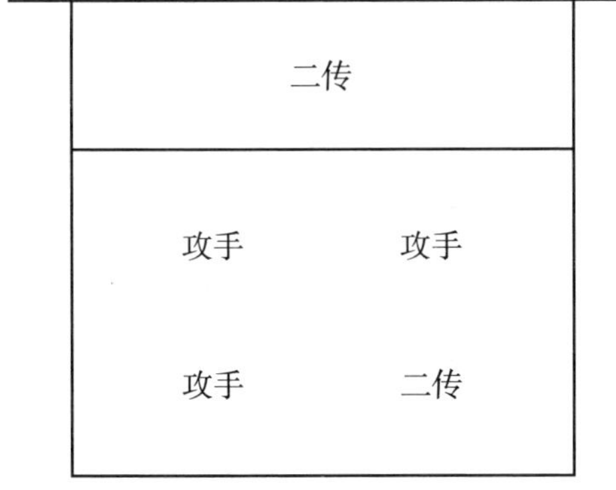

图 3–3“三二”配备（二）

2. 四人制阵容配备基本形式

（1）“三一”配备：由三名攻手和一名二传队员组成，其中有一名或为接应二传队员（图 3-4）。这种阵型的特点与五人制的“四一”配备比较接近，虽然场上人数减少使队员间的跑动换位相对容易，但对形成专为攻防布局所需的时间、位置要求更高，在速度变化时每名队员负责的区域也相对变大，从而增加了一定的战术配合难度。由于场地小，球速快，后排插上的二传队员的优势得不到体现。

（2）“二二”配备：该阵型由两名二传队员与两名攻手组成（图 3-5），各轮次二传队员与攻手配置均衡，在两名二传队员具备一定的扣球、拦网实力的前提下，可以打出多点进攻战术。这种配备形式较容易掌握与应用，经常在高水平的气排球比赛中被采用。

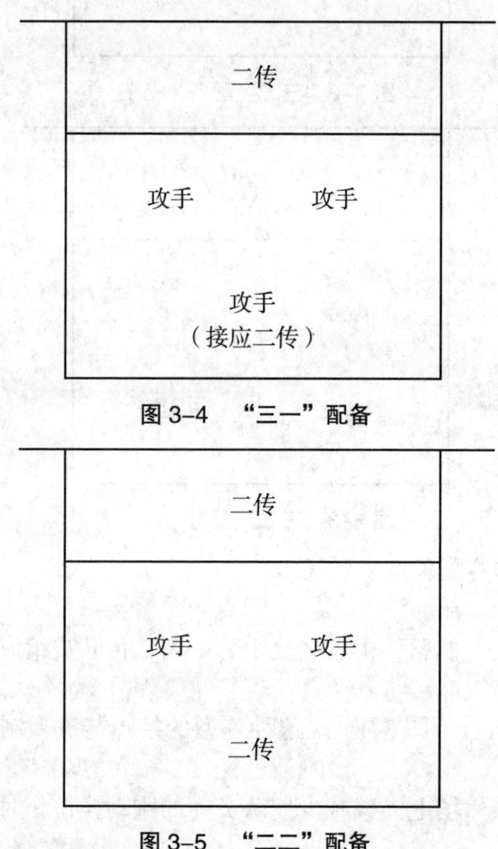

图 3–4 “三一”配备

图 3–5 “二二”配备

二、交换位置

（一）交换位置的概念与目的

概念：是指在规则允许下，通过交换场上队员的位置以达到实现专位攻防的布局。

目的：积极主动弥补阵容配备上的某些缺陷，便于攻防战术组织，发挥攻防优势，实现专位攻防，从而扬长避短，最大限度地发挥每个队员的特长，从而保障与提高攻防战术的质量。

（二）交换位置的方法

1. 前排队员换位

（1）为了便于组织进攻战术，把二传队员换到前排中或前排的位置上。

（2）为了保证和加强进攻力量，把进攻力量强的队员换到便于扣球的位置上。如把右手扣球队员换至前排左的位置上，把左手扣球队员换到前排右的位置上，把扣快球的队员换到中间的位置上。

（3）为了加强拦网，控制对方的重点进攻，将身材高大或弹跳力好、拦网能力强的队员换到前排中间的位置上或与对方主攻队员相对应的位置上。

2. 后排队员的换位

（1）为了发挥个人特长，后排队员各自换到自己熟悉的防守区以进行专位防守。

（2）为了在比赛中便于运用行进间“插上”战术，把二传队员换到后排右或后排左的位置上，以缩短插上时的距离。

（3）根据临场情况，把防守能力强的队员换到防守任务较重的区域，把防守能力弱的队员换到防守任务较轻的区域。

3. 前后排队员的换位

主要是后排二传队员插上。可从 1 号位插上到 2 号位或 3 号位之间的位置，准备做二传。前排 2、3、4 号位队员（五人制）或 2、3 号位队员（四人制）则后退，准备接球或进攻。

（三）交换位置时应注意的事项

1. 换位前的站位，既要防止“位置错误”犯规，又要考虑缩短换位距离。

2. 当发球队员击球后，即开始换位。各队员应力求迅速地换到预定位置上，立即准备下一个动作。

3. 在对方发球时，队员应首先准备接对方的来球，然后再换位，避免造成接发球混乱。

4. 换位时，队员之间要注意配合行动，防止互相干扰，应做到互相补位。

5. 换位后，当该球成死球时，各队员应立即返回原位，各自做好下次接球或进攻的准备。

三、信号联系

为了统一行动目标，完成集体战术配合，根据本队的情况，由教练员和运动员共同制定一种行动信号。气排球战术中常见的信号联系方式有语言信号联系、手势信号联系、落点信号联系、仪态信号联系与综合信号联系。

第三节　气排球个人战术

个人战术是指在集体战术的基础上，队员根据个人的特点和整体战术的需要，灵活运用个人技术的变化，以达到完成有效进攻与防守的目的。

一、发球个人战术

（一）指导思想和基本任务

1. 指导思想

发球技术不受对方和同伴的制约，也不需集体配合，全凭个人技术的运用，所以要有“以我为主，先发制人，突出性能，胆大心细，稳中有变”[①]的思想，充分展现个人的战术意识与能力。

① 谭洁：《气排球运动教程》，湖南师范大学出版社 2017 年版，第 96 页 .

2. 基本任务

充分观察和分析对方的具体情况，有针对性地采取不同的发球战术，保证发球的攻击性与准确性，以增加对手接发球的难度，破坏其一传的到位率，从而取得先发制人的效果。

发球时，主要应做到以下几方面：一是正确评估自身的体能与技能状态、自身的发球特点和发球时的心理状态，充分发挥个人的发球技术水平，避免出现失误，在保证成功率的前提下完成各种发球战术。二是认真观察场上的情况，了解对方接发球的弱点，出其不意，攻其不备。三是看清对方接发球的站位、轮次特点，思考其可能运用的进攻战术，尽量做到扬长避短。四是预估自然条件，如阳光、风向对发球的影响。

（二）常用的发球个人战术

1. 加强发球的性能

改变发球力量、速度、弧度以及旋转与飘晃等性能，以达到直接得分或破坏对方进攻的目的。

2. 控制发球的落点

（1）将球发到两个队员之间的连接区，或边线及后场短线附近，以增加接发球到位难度。

（2）将球发给对方参加进攻的队员，落在该队员的前、后、左、右，迫使其先接球，以破坏进攻的流畅性。

（3）将球发给对方二传或落在该二传跑动的必经线路上，迫使其接球，以破坏对方进攻节奏。

（4）将球发给垫传技术差、情绪急躁、精力分散或刚上场的队员，以造成对方接发球失误。

3. 改变发球的方法

（1）改变发球的位置。一是变换发球的垂直站位，可站在距端线近、中、远的距离位置发球。二是改变发球的左、右站位，可选择站在端线外的左半区、右半区或中部位置，以发出不同性能和不同落点的球。

（2）改变发球的弧度。发球时，给予球上旋或左旋、右旋的力量，改变球的飞行弧度，降低对方一传到位率。如上空没有障碍物，可以发高吊球，利用球体下降时产生的重力加速度，使对方产生不适。

（3）改变发球的速度。采用击球点高、距网近、速度快的飘球、跳发球或勾手大力发球，以达到先发制人的目的。或采用高弧度、慢速度的发球，利用速度变化造成对方的不适应。

4. 改变发球的攻击性和准确性

（1）如本方得分难、比分落后较多或遇到对方进攻强的轮次等情况时，可采用加强进攻性的拼发球战术，以改变本方落后的状况。

（2）如本方领先较多，亦可采用攻击威力大的发球，以扩大战果。

（3）如本方发球连续失误或对方暂停、换人后，以及对方处于进攻较弱的轮次或接发球连续失误时，应注意发球的准确性，避免失去得分机会。

（4）如比赛处于关键时刻，特别是在决胜局时，发球更要注意准确性，不要做无所谓的失分。

二、一传个人战术

（一）指导思想和基本任务

1. 指导思想

一传是保障本队组织合理有效进攻的基础。运动员必须树立“自信果断，注重预判，移动及时，准备充分，接球稳准，送球到位”的思想。

2. 基本任务

气排球具有自身器材轻、飘，受力易产生形变的特性，给一传造成了一定的困难，因而需要队员在避免失误的前提下，合理全面地运用垫、传、挡、捧、拨等击球动作将来球接起，灵活调整与控制一传球的方向、弧度、速度与落点等，有效配合本方的进攻组织。

（二）常用的一传个人战术

1. 组织快攻战术时，如本方快攻队员来得及进行快攻，一传的弧度要低平、速度稍快，以加快进攻的节奏；如果来不及，本方队员进攻时，则应提高一传弧度。

2. 组织强攻战术时，一传的弧度要略高些，为二传队员创造便利条件。

3. 前场区队员一传时，力量不宜过大，弧度稍高，后排队员则正好相反。如来球力量不大，后排队员则可用上手传球、插托击球或单手掌托球起球。

4. 当对方第三次传垫球过网时，前场区队员一传可用上手传球，以便更准确地组织快速反击或直接传给扣球队员进行两次球进攻。

5. 如发现对方场区有较大的空当或对方队员无准备时，在球低于球网时，一传的队员可直接用传、垫、扒等动作把球击向对方。

三、二传个人战术

（一）指导思想和基本任务

1. 指导思想

二传是进攻的组织者，球队的灵魂。优秀的二传手能为球队组织更多的进攻战术。“预先观察、快速移动、给球到位、灵活多变”是一个优秀二传手必须具备的素质。

2. 基本任务

二传个人战术的主要目的是合理有效地分配球，为本方队员创造有利的时空进攻条件，并突破对方的拦网以完成各种进攻战术。受规则的影响，气排球二传球组织进攻的落点区域相对集中于中后场区，为了有效地突破对方的拦网，在二传个人战术方面更强调了对空间、时间以及动作上的变化，应当利用各种击球动作来变化二传球出手的速度、高度与弧度，充分利用球网与球场的纵深区域，尽量避开对方拦网强的区域以达到预期的战术目的。

（二）常用的二传个人战术

1. 根据本方队员的特点和布局情况进行合理的分球，如采用集中或拉开、中网或远网、弧度高或弧度低等传球技术。

2. 根据对方拦网的部署，与进攻队员在时间和位置上进行协调配合，合理选择拦网的突破口，造成以多打少的局面。

3. 根据本方扣球队员的不同起跳时间，采用升点或降点的传球、声东击西的隐蔽动作和假动作等给予配合，以打乱对方的拦网布局。

4. 根据本队一传后球的情况，如到位球或不到位球、高球或低球、冲网球或远网球等，合理运用传球技术来组织各种战术。

5. 根据对方防守队员的站位，在有利于自己的情况下，突然将球直接传入对方空当。

四、扣球个人战术

（一）指导思想和基本任务

1. 指导思想

合理助跑取位，落点观察细致，手法稳中有变，下手准确有效，积极配合保护。

2. 基本任务

扣球个人战术要求进攻队员根据对手拦网和防守的情况，合理选择与变化扣球技术和路线，以有效突破对方的防御体系。气排球网高及扣球动作的限定使拦网方占据相对有利的局面，这也要求进攻者必须要提高自身的个人扣球技术能力及临场战术应变意识与能力。

（二）常用的扣球个人战术

1. 线路的变化

（1）扣球时采用直线和斜线相结合、长线与短线相结合的线路。

（2）利用助跑线路和扣球线路不同的方向，来迷惑对方拦网和防守队员，如直线助跑扣斜线、斜线助跑扣直线。

（3）针对防守技术差和意志不顽强的队员扣球，或扣向对方空当和防守薄弱的区域等。

2. 动作的变化

（1）运用转体、扣腕的扣球技术，突然改变扣球方向，避开对方拦网。

（2）运用超高手点扣球技术，从拦网人手上进行突破进攻。

（3）选用正面扣球变为勾手扣球动作，造成对方拦网判断失误。

（4）利用突然的两次攻或一次攻，造成空网或一对一进攻的有利局面。

（5）高点平打，造成球触拦网手后飞向后场区远端或造成两侧打手出界。

（6）突然用单脚起跳扣球，使对方来不及拦网。

（7）有意识地提早或延迟扣球时间，使对方难以掌握拦网的起跳时间。

（8）运用轻扣球或吊球技术，使球随拦网队员一同下落，增加拦网队员自我保护球的难度，或使球落在对方网前或拦网队员的身后。

五、拦网个人战术

（一）指导思想及基本任务

1. 指导思想

冷静判断，快速移动，适时起跳，合理手型，隐蔽拦死。

2. 基本任务

根据对方扣球的情况，甄判对手的进攻时机、路线与动作，利用时间、空间等变化因素而采用不同手法，以达到阻拦对方进攻的目的。尤其要重点拦防对方进攻威胁性大的队员，以保护本方防守薄弱的区域。

（二）常见的拦网个人战术

1. 采用拦直线位置起跳向侧伸臂拦斜线，或在拦斜线位置上起跳拦直线的方法。

2. 改变空间拦网手的位置。如在空中拦直线时，突然移动手臂改为拦斜线等。

3. 制造假象，如有意露出中路空当，引诱对方扣中路，当对方扣球后即突然拦对方中路球，使对方受骗。

4. 在发现对方要打手出界时，可在空中及时将手撤回，以造成对方扣球出界。

六、防守个人战术

（一）指导思想和基本任务

1. 指导思想

防守必须“判断准，移动快，多路拼抢，每球必争”。

2. 基本任务

队员在防守时，需选择最有利的位置，采取合理的接球动作，按战术要求防起球。防守队员必须在具有拼搏精神的同时善于观察，根据对方的进攻和本方拦网的情况，做出准确及时的判断，并采取相应的措施。

（二）常用的防守个人战术

1. 根据对方二传的方向和落点，本方防守队员迅速地做出判断，并立即移动到相应的位置上，正对来球，准备接球。

2. 在选择前后位置时，本方防守队员应根据对方二传与网的距离和扣球队员击球点的高低来判断。如球离网较近，无人拦网时，防守取位可向前；如球离网较远，则取位可向后。

3. 在选择左、右位置时，主要根据对方扣球队员的助跑线路、起跳点以及人与球保持的关系来判断。一般而言，防守位置应取在对方扣球队员和球连线的延长线处。

4. 根据对方扣球的特点，本方防守队员采取相应的防守行动：如只扣不吊，则取位靠后；如对方打、吊结合，则要随时准备向前移动；如对方只扣斜线，则要放直防斜。

5. 根据本方前排队员拦网的情况，主动选择防守位置加以配合和补位，重点防守前排拦网的空当。

第四节　气排球集体战术

一、气排球集体战术的概念

集体战术是指运动员在比赛中，为突破对方防守或遏制对方进攻，灵活地运用合理的攻防技术，并按照一定的形式所采取的有组织、有目的、有针对性的集体配合行动。

二、气排球集体战术的分类

（一）进攻战术

根据二传队员的位置可分为三种阵型。

1. 前“中二传”进攻阵型

是指由一名前排二传队员在前排中位置传球，将球传给其他队员进攻的组织形式。

2. 前“边二传”进攻阵型

是指由一名前排二传队员在前排边位置传球，将球传给其他队员进攻的组织形式。

3. 后“插二传”进攻阵型

是指后排二传队员插上到前排进行传球，将球传给其他队员进攻的组织形式。

（二）防守战术

1. 接发球防守阵型

根据接发球的人数可分为三种接发球阵型，即 4 人接发球（五人制）、3 人接发球（四、五人制）、3 人接发球（四人制）。一般五人制采用 4 人接发球阵型，四人制采用 3 人接发球阵型。

2. 接扣球防守

根据参加拦网人数可分为无人拦网下的防守阵型、单人拦网下的防守阵型、双人拦网下的防守阵型和三人拦网下的防守阵型。

3. 接拦回球防守

接拦回球防守阵型，应根据本方的进攻战术和对方拦回的情况，以及参加防守的人数来确定。接拦回球一般采用 4 人、3 人等阵型。

4. 接传、垫球防守

接对方传、垫过网的球，应根据其运用的时机、条件以及来球性能的差异，可采用 4 人、3 人接球阵型站位。

三、排球集体战术的运用

（一）进攻战术的运用

1. 进攻阵型

（1）五人制

①“中二二”进攻阵型

五人制气排球战术中最简单、最基础的一种进攻阵型，是其他四名队员将球送至前排二传队员，由其在 3 号位位置传球，将球传给前场两名队员和后排两名队员进行进攻的组织形式。（图 3-6、图 3-7）

优点：场上二传队员比较明确，攻手多，进攻点多；二传在场上移动距离以及传球距离短；利于组织进攻，一传目标明确。

采用“中二传”进攻阵型时应注意两点：

第一，当二传队员轮换到 4 号位、2 号位时，应采取换位的方法，把二传队员换到中间位置上，以便于组织进攻。

第二，3 号位二传队员如果向两边都采用正面传球时，可以居中站位；如果二传队员利用正面长传或背后短传时，站位则可偏近 2 号位区。

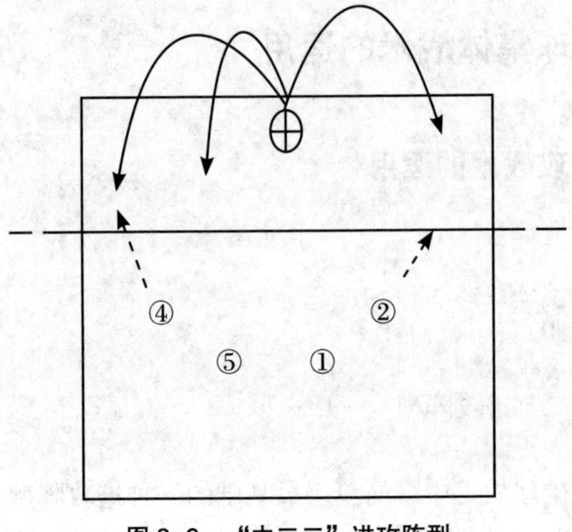

图 3-6 “中二二”进攻阵型

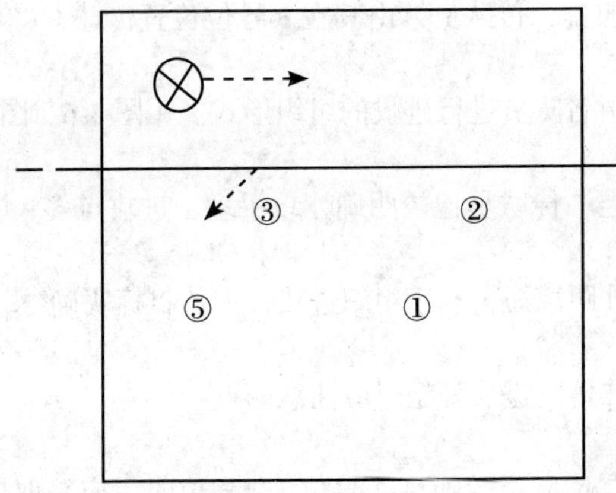

图 3-7 换位

②“边二二”进攻阵型

是由前排位置队员担任二传，其他四名队员将球送给他，由其将球传给其他队员进行进攻的组织形式。

优点：二传队员明确，传球与进攻配合空间比较大，进攻点多，便于组织不同的进攻战术打法。

不足：由于二传在场上移动距离以及传球距离比较长，所以对二传队员的传球能力要求相对较高。

采用前“边二传”进攻阵型时应注意以下两点：

第一，二传队员必须主动换位到易于传球的位置上，以便于组织进攻。

第二，二传队员如果组织二传背后的进攻战术打法，站位可以靠近中场；如果组织二传前的进攻战术打法，站位则可以靠近边线位置，从而为攻手提供比较大的进攻跑动空间。

③后“插二传”进攻阵型

是指后排队员插上到前排 2 号位或 3 号位担任二传，将球传给其他扣球队员进攻的组织形式。这种进攻阵型多被高水平的球队所采用。（图 3-8、图 3-9）

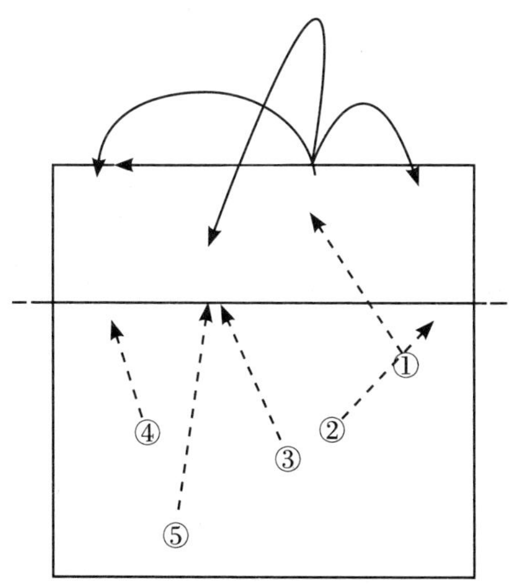

图 3–8 后“插二传”进攻阵型（一）

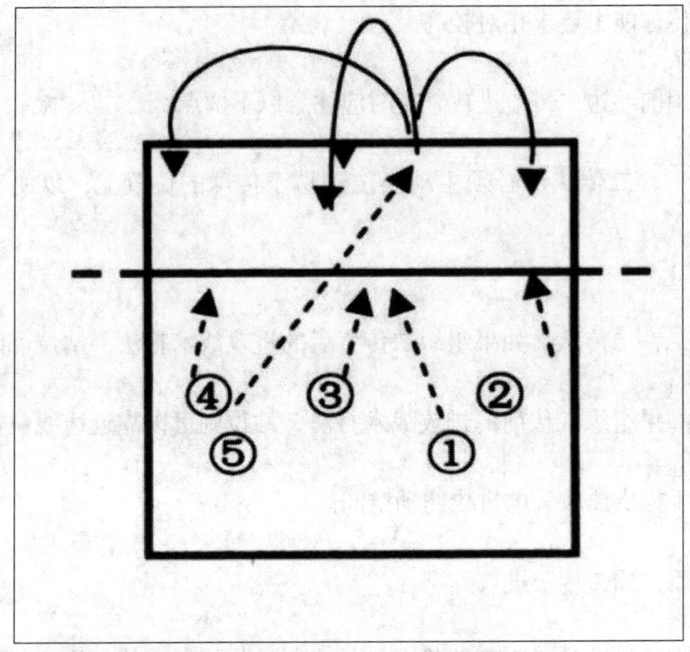

图 3–9　后“插二传”进攻阵型（二）

（2）四人制

①“中三”进攻战术

基本配合方法：由前排 3 号位队员站在前场区中间担任二传，其他三人将球传（托或垫）给二传队员，再由二传队员传给场上其他队员的进攻（图 3-10）。“中三”进攻战术是四人制比赛进攻战术中最基础、最简便的一种进攻战术形式。在运用过程中，当二传队员轮转到 3 号位时，可采用换位的方法跑到 2 号位（图 3-11）。

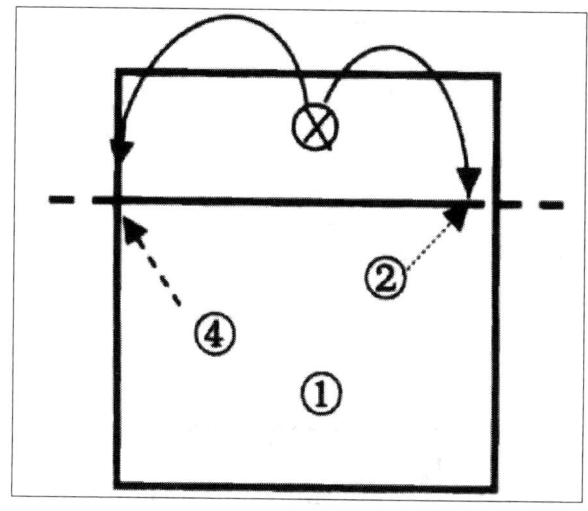

图 3–10　“中三”进攻战术

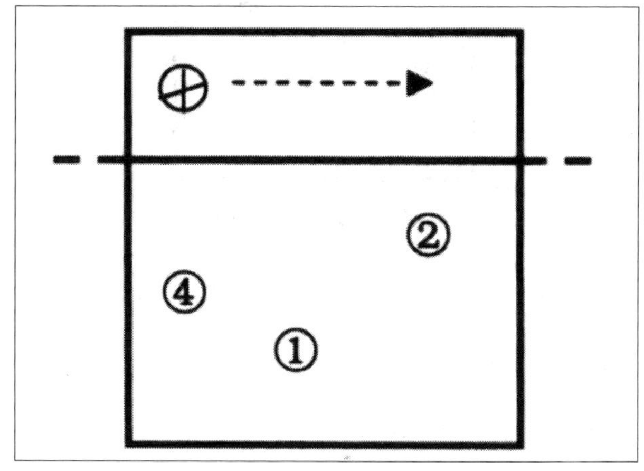

图 3–11　换位

特点：配合简单，便于组织进攻，但突然性、隐蔽性不强，易被对方识破。此战术多被水平较低，及未掌握复杂进攻战术的队伍所使用。

②“边三”进攻战术

基本配合方法：由前排 2 号位队员担任二传，其他三人将球传（托或垫）给二传队员，再由二传队员将球传给场上其他队员进攻（图 3-12）。

如果二传队员在 3 号位时，可采用换位方法跑到 2 号位。

优点：由于二传站在 2 号位偏中的位置，一传目标清楚，同时有二到三名进攻队员位置相近，可以互相掩护、互相配合，充分利用前场区的空间，组织更多快速、有效的进攻战术。

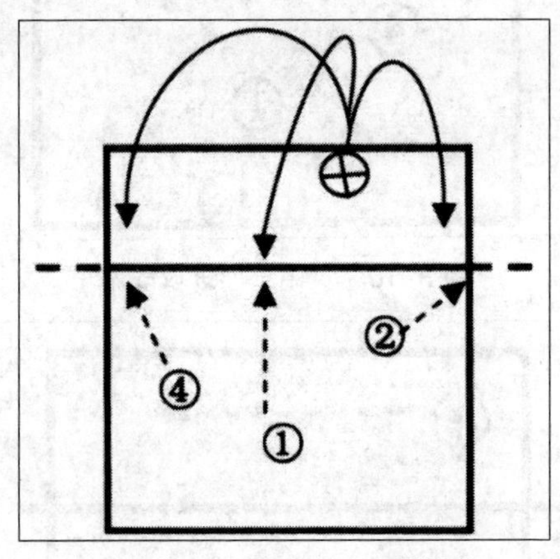

图 3–12 “边三”进攻战术

2. 进攻打法

（1）强攻

强攻是指在没有同伴掩护而对方有准备拦防的情况下，强行突破的进攻。强攻的二传球较高，根据不同的二传球位置，可以分为集中进攻、拉开进攻、围绕进攻、调整进攻等。

①集中进攻：进攻队员扣二传队员向后排左或后排右传出弧度较高、落点较集中的球，称为集中进攻。这种打法由于难度小，便于扣球队员助跑和挥臂扣球，一般适用于初学者和较低水平的球队。

②拉开进攻：进攻队员扣二传队员传到后排左或后排右在标志杆附近的球，称为拉开进攻。这种打法充分利用网长，能扣直线和小斜线（图3-13、图3-14），既利于避开拦网，也便于打手出界。

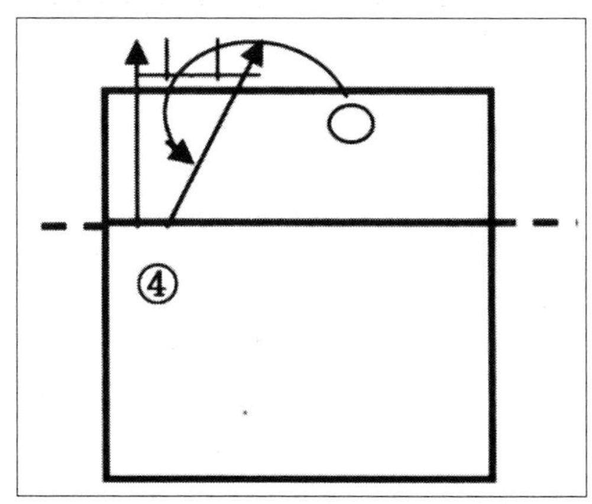

图 3–13　拉开进攻（一）

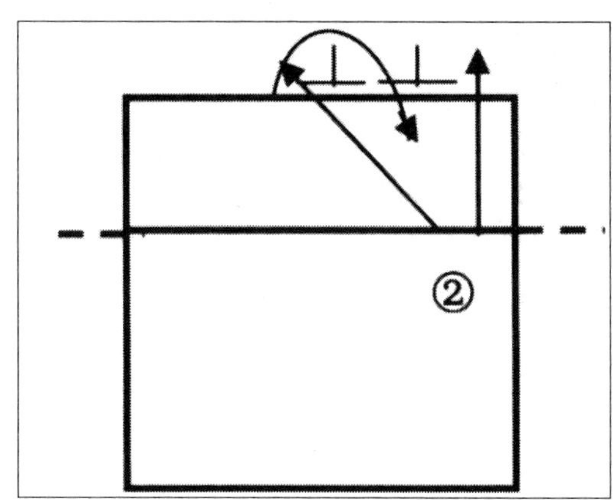

图 3–14　拉开进攻（二）

③围绕进攻：进攻队员从二传队员身后绕到前面扣球，称为前围绕进攻（图 3-15）；进攻队员从二传队员前面绕到身后扣球，称为后围绕进攻（图 3-16）。围绕跑动换位的目的是充分发挥进攻队员扣球特长和避开对方的拦网。

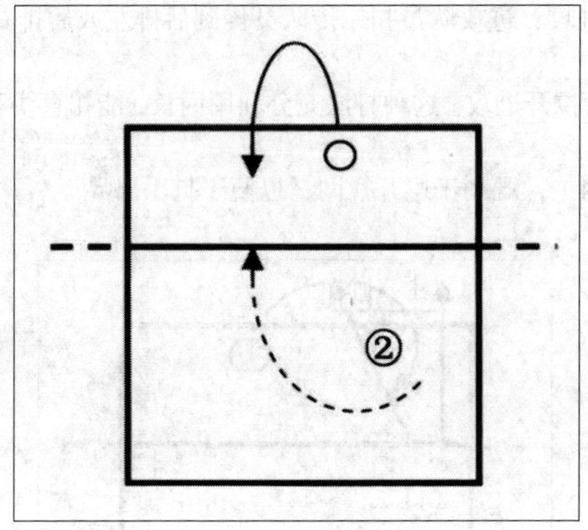

图 3–15　前围绕进攻

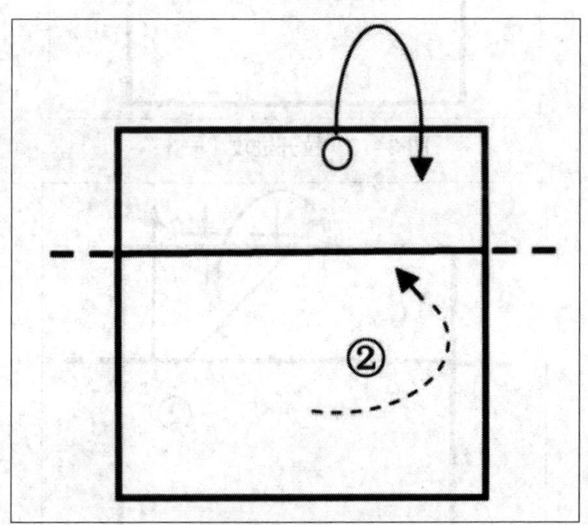

图 3–16　后围绕进攻

④调整进攻：当一传不到位，球的落点离进攻线较远时，由二传队员或其他队员将球调整到进攻线后的扣球进攻打法称为调整进攻，这种打法在防守反攻中运用较多，是得分的重要手段之一。调整扣球时，必须要有一定的高度和力量才能达到进攻的目的。

（2）快攻

快攻是指各种平快扣球及以平快扣球掩护同伴进攻或自我掩护进攻所组成的各种快速多变进攻战术的总称。快攻是我国排球的传统打法，具有速度快和掩护作用强的特点，能在时间和空间上发挥优势，有效地突破对方的防御。快攻可以分为平快球进攻、快球掩护进攻两类。

①平快扣球：是指在拉开进攻的基础上加快进攻的速度的一种扣球进攻打法，即二传传球低或平，与扣球队员的配合节奏快，从时间上造成对方拦网的困难。

②掩护进攻：一名进攻队员利用各种快球进行佯攻掩护，然后二传队员将球传给其他进攻队员扣球进攻的进攻打法。快球掩护进攻能帮助其他进攻队员摆脱对方集体拦网，造成以多打少甚至空网进攻的机会。气排球中常用的掩护进攻方法有交叉进攻、梯次进攻和立体进攻。

掩护进攻要求：佯攻队员积极跑动来进行掩护，二传队员灵活机动地进行传球，扣球队员则全力快速跑动实扣，虚实并举，才能起到更好的效果。

方法一：交叉进攻。一名进攻队员快球掩护，另一名进攻队员与其交叉换位后在二传身旁扣半高球（图 3-17）。这种打法能造成对方两名拦网队员互相阻挡，突然性大，攻击性强，实用性强，所以运用较为普遍。

方法二：梯次进攻。一名队员做快球掩护，另一名队员在其身后扣距进攻线稍远的半高球。如 3 号位队员做快球掩护，4 号位队员在进攻线附近切到 3 号位队员身后扣半高球（图 3-18）。

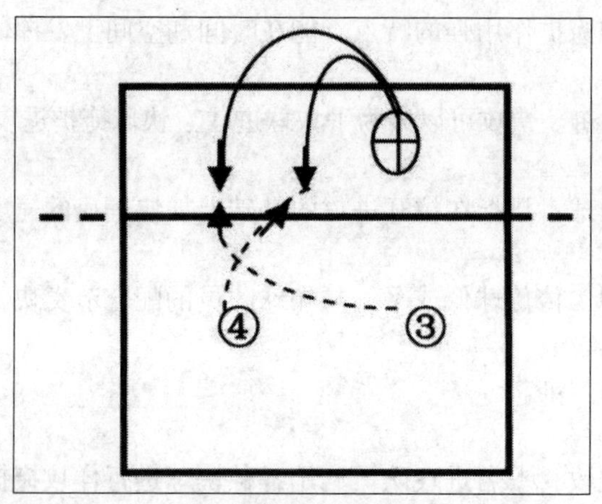

图 3–17　交叉进攻

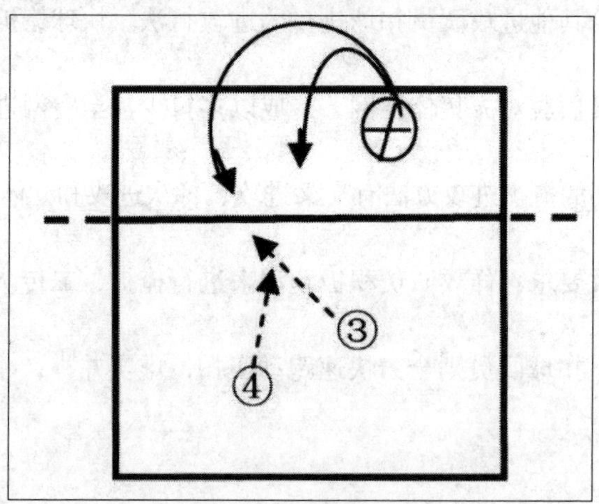

图 3–18　梯次进攻

方法三：立体进攻。前场区队员在进攻线附近运用各种快攻战术的同时，后场区队员在进攻线后稍远处起跳扣球，形成横向纵深的进攻区域。特点是突然性大、攻击力强，易突破退防拦防，是气排球比赛中战术运用的特色之一。

（3）两次攻

两次攻包含两次球进攻及转移进攻。

两次球进攻：当一传球较高且落在进攻线附近时，二传队员或其他队员跳起直接进行扣球。这种进攻加快了进攻的速度，改变了进攻的节奏，使对方难以防守。

两次球转移进攻：即佯装进行二次攻将对方拦网骗起时，将球传给另一侧同伴进行进攻。这种战术打法主要是迷惑对方拦网，但由于这种战术对一传的要求较高，技术难度较大，一般在对方发球攻击性小、扣球威力不大或把球垫过来时采用。

示例一：场上任何一名队员接一传球时直接将球高弧度地接给其他进攻队员，进攻球员原地起跳，突然运用两次球进攻。图 3-19 只是其中的一组配合。其他队员两两之间均可进行此配合。

示例二：当进攻队员跳起做扣球动作时，发现对方进攻拦网，可以虚晃一下，在空中变扣球为传球，转移拉开传给前排 4 号位队员进攻，这种打法叫做长传转移（图 3-20）。如果跳传将球转移给较近位置的队员进攻，则叫做短传转移。长传转移隐蔽性高，而且充分利用网长，突然性大，便于避开对方拦网，因此在比赛中经常被采用。图 3-20 只是转移进攻中的一种配合形式，其他配合形式根据场上队员的不同位置进行搭配。

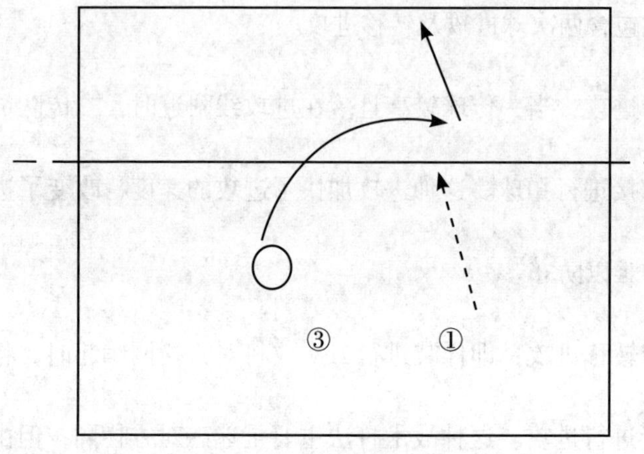

图 3-19　两次球进攻

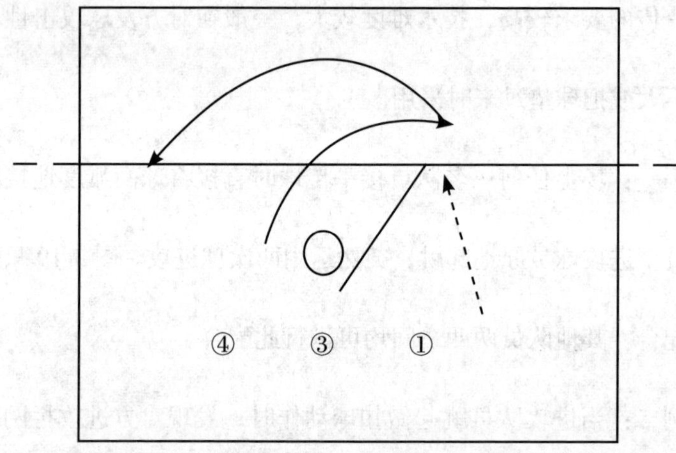

图 3-20　两次球转移进攻

（二）防守战术的运用

1. 接发球

当对方发球时，本方处于防守地位，也是组织第一次进攻的开始。事先站好位置，摆好阵型，是接好发球的基础。站位的阵型不仅要有利于接球，也要有利于本方所采用的进攻战术。同时，还要根据对方发球的特点，而采取不同的阵型。

（1）五人制接发球阵型及其变化

①4 人接发球基本阵型

除 1 名二传队员站在网前或从后排插上准备二传的队员不需要接发球外，其余 4 名队员均承担一传任务的接发球，组成四人接发球阵型（图 3-21）。这种阵型是五人制气排球比赛最基本的接发球阵型，初级水平的球队应采用此阵型。

优点：队员均衡分布，每人接发球的范围相对减小；接发球时已形成基本的进攻阵型，组织进攻比较方便，适合接发球水平不太高的球队。

不足：后排二传队员从 5 号位插上时距离较长，难度较大，组织战术较难；队员之间的中间地带较多，配合不默契时容易互相干扰。

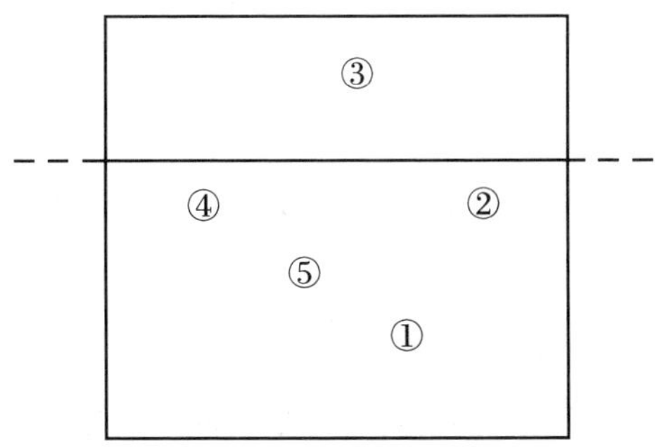

图 3-21　四人接发球基本阵型

②4 人接发球阵型的站位变化

"一二二"站位：优点是均衡分布，每位队员接发球的范围相对减小；缺点是队员之间的交界点相应增多，队员配合不默契时，会出现互抢互让或前后排互相干扰的现象。如图 3-22 所示。

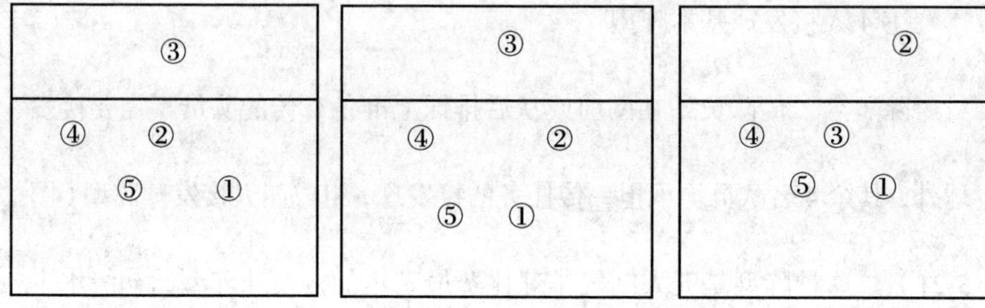

图 3–22 "一二二"站位

浅弧形站位：是对付大力发球和平冲飘球的有效形式。如图 3-23 所示。

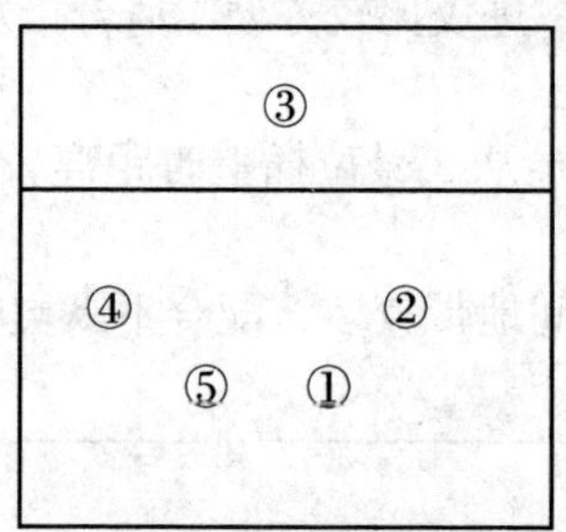

图 3–23 浅弧形站位

优点：由于落点集中在场地中、后区，接发球时 4 名队员呈浅弧形排开，左右距离较近，一人守一条线，前后互不干扰，便于防守。

不足：前场区空间较大，接网前球困难；要求接发球队员的预判能力强，避免接可能出界的球。

③ 3 人接发球阵型

插上的二传队员与同列的前排队员均站在网前不接发球，其他 3 名队员站成弧形（图 3-24a、b）或一字形（图 3-24c）来承担一传任务的接发球阵型。

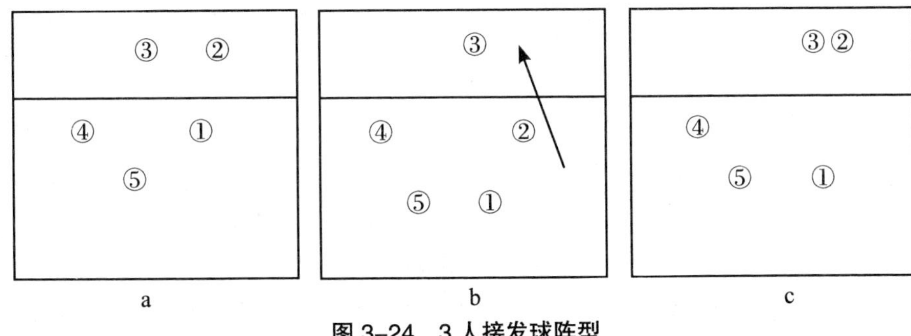

图 3–24　3 人接发球阵型

优点：便于后排插上和不接发球的前排队员及时换位，不易造成队员之间接发球的互相干扰。

不足：要求 3 名接发球队员有较高的判断能力、移动能力和较好的接发球技术；要求不接发球的队员对后撤参与进攻的时机和上前拦网的时机要把握准确，与其他队员配合默契，否则会出现队员挤碰，不能及时形成拦网的情况。此阵型一般被水平较高、战术意识较强的队伍所采用。

（2）四人制接发球阵型及其变化

3 人接发球站位：除前排二传或插上二传之外，其他 3 名队员站成弧形承担一传任务，如图 3-25 所示。

优点：有利于学习“中三”“边三”进攻阵型，不易造成队员之间接发球的互相干扰。

不足：3人接发球每人负责的区域较大，对判断、移动等能力要求较高。

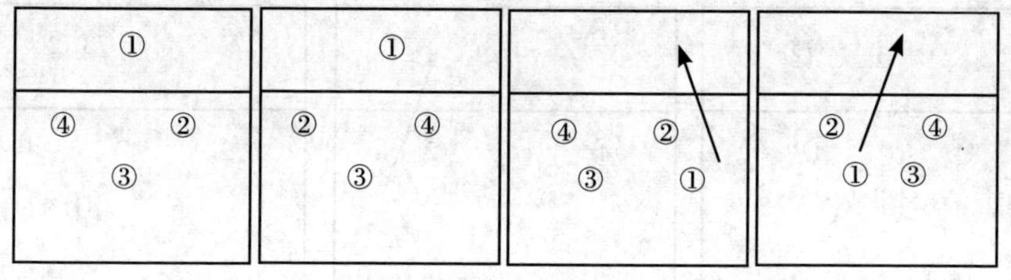

图3–25　3人接发球站位

2人接发球站位：这种站位要根据本队的技术水平和战术的需要而采用。由于整个场区只有两名队员接发球，要求一传队员具备较强的接发球能力。目前为水平较高、实力较强的队所采用。

2. 接扣球

接扣球防守形式是由前排拦网与后排防守组合而成的。根据参加拦网的人数可分为无人拦网、单人拦网、双人拦网和三人拦网下的防守形式。不同形式的拦网各有利弊，一支高水平的球队必须熟练掌握相应的防守形式。组织接扣球防守阵型时，首先要针对对方进攻的特点和变化来进行部署。其次要充分发挥本方队员的特长，合理地分配力量。同时，还要结合本方防守后反攻战术的打法来进行布防。

（1）无人拦网下的防守阵型

无人拦网下的防守阵型是一种最初级、最简单的防守阵型，适用于初学者或在对方进攻无力时采用。其站位方法与 4 人或 3 人接发球的站位基本相同，即二传队员站在网前，其他队员进行防守。

①五人制站位方法：采用“中二二”进攻形式时，二传队员在 3 号位网前，2 号位和 4 号位队员后撤参加中场区防守，其他队员在后场防守；采用“边二二”进攻形式时，二传队员在 2 号位网附近，3 号位和 4 号位队员后撤防守前场区，其他队员防守后场区（图 3-26）。

②四人制站位方法：采用“边三”进攻战术时，二传队员在 2 号位网前，3 号位队员后撤防守前场区，其他队员防守后场区（图 3-27）。

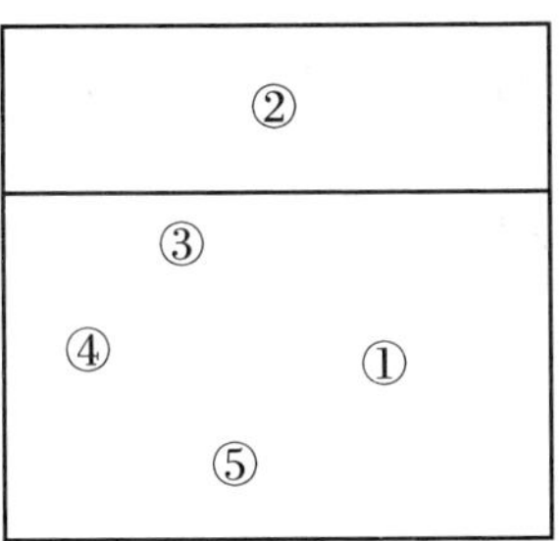

图 3–26　五人制无人拦网防“边二二”进攻

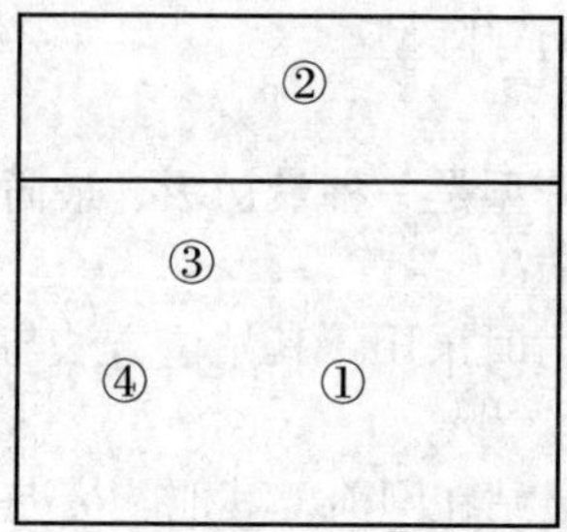

图 3-27　四人制无人拦网防“边三”进攻

（2）单人拦网下的防守阵型

这种阵型一般是在对方进攻威力不大、路线变化不多、轻打吊球较多时，或因受对方战术迷惑，来不及组织集体拦网时采用。优点是增加了后排防守人数，便于组织反攻；缺点是当对方攻击力较强时，单人拦网力量薄弱。

这种防守阵型有两种情况：一是由前排与扣球队员位置相对应的队员拦网，其他前排队员后撤与后排两名队员进行防守的人盯人防守阵型；二是只有前排二传队员跳起参与拦网，后排队员则根据对方的不同进攻点来变换防守位置。

①五人制防守阵型（图 3-28）。以图 3-28a 为例，对方 4 号位队员进攻，本方 2 号位队员拦网，3 号位队员后撤防吊球，4 号位队员后撤与其他队员形成半弧形防守圈，每人负责一个防守区域。

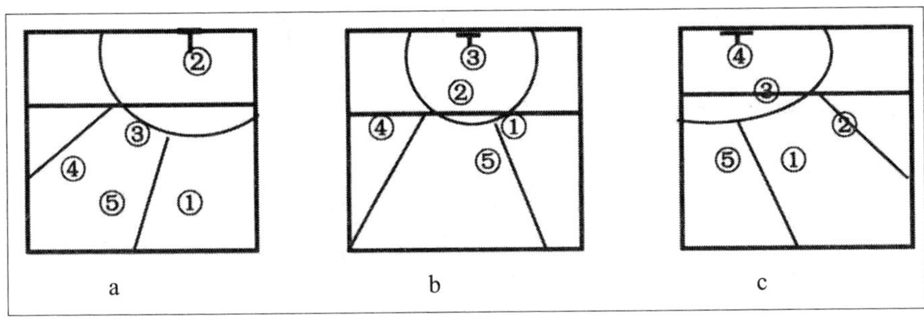

图 3–28　五人制单人拦网下的防守阵型

②四人制防守阵型（图 3-29）。其中图 3-29a 中的情况一般由二传拦网，攻手后撤防守，这样方便二传组织以及攻手进攻。

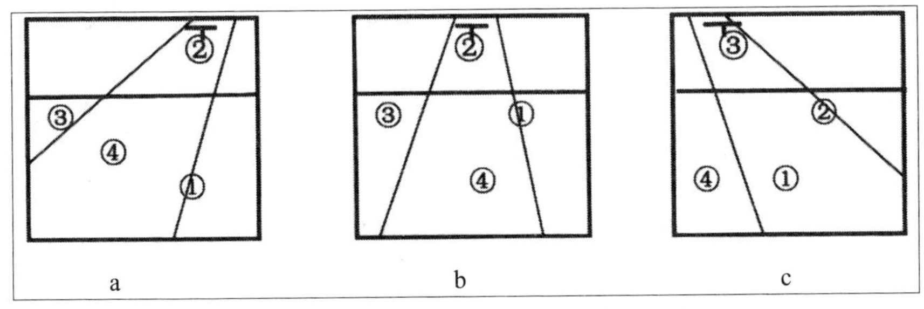

图 3–29　四人制单人拦网下的防守阵型

（3）双人拦网下的防守阵型

当对方进攻威力较大、进攻路线变化较多、单人拦网不足以阻拦对方进攻时，多采用双人拦网下的防守阵型。它是接扣球防守中最主要的战术阵型。根据不同参赛人数、不同后排队员跟进防守的情况和前排拦网队员的不同取位，双人拦网下的防守阵型有以下几种：

①五人制双人拦网下的防守阵型：根据对手进攻点的不同，3 号位队员配合两边的前排队员进行双人拦网，另一名前排队员后撤与 1 号位和 5 号位两名后排队员组成防守阵型（图 3-30）。以图 3-30a 为例，当

对方 4 号位进攻时，本方 3 号位、2 号位队员组成双人拦网，4 号位队员后撤防两米线前的斜线吊球，1 号位队员跟进到拦网队员身后防吊球或前场球，5 号位队员防后场球；如对方 2 号位队员进攻时，本方 4 号位、3 号位队员组成双人拦网，5 号位队员跟进到拦网队员身后防吊球或前场区球，1 号位队员防后场球。

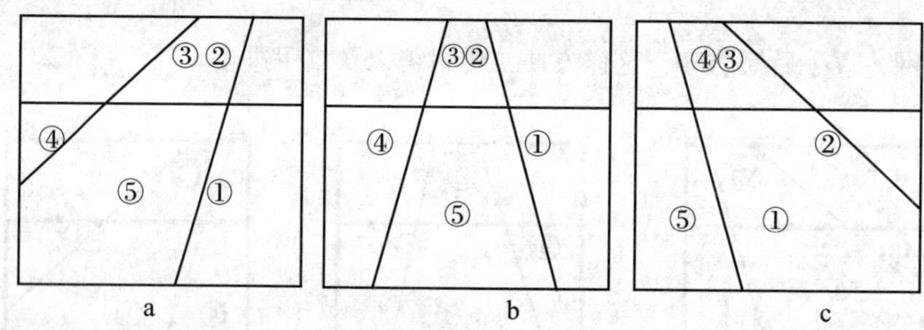

图 3-30　五人制双人拦网下的防守阵型

②四人制双人拦网下的防守阵型：根据对手进攻点的不同，两名前排队员进行双人拦网，后排两名队员组成防守阵型（图 3-31）。

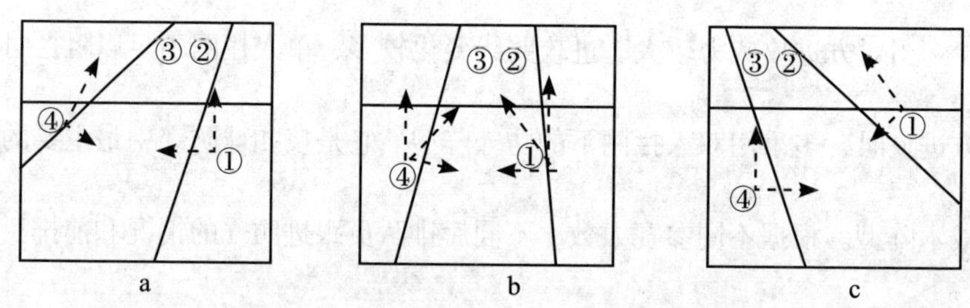

图 3-31　四人制双人拦网下的防守阵型

（4）三人拦网下的防守阵型（五人制）

这种防守阵型只是在五人制比赛中，球队拦网技术水平高而队员身材高大的情况下使用。三人拦网防守阵型在对方扣球攻击性强、线路变化多、吊球少的情况下采用。虽然三人拦网加强了第一道防线，但增加了后排防守的困难，对组织反攻也有所不便。根据对手进攻点的不同，前排三名队员组成三人拦网，两名后排队员组成防守阵型（图 3-32）。

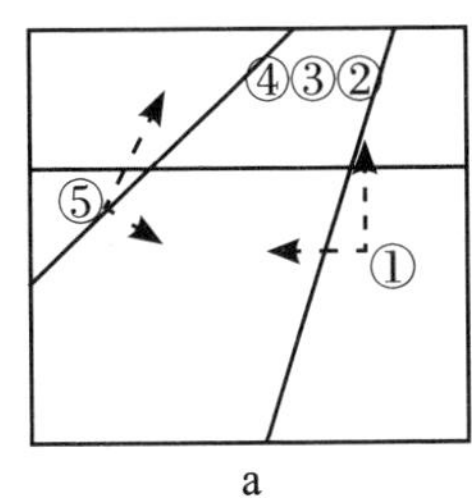

a

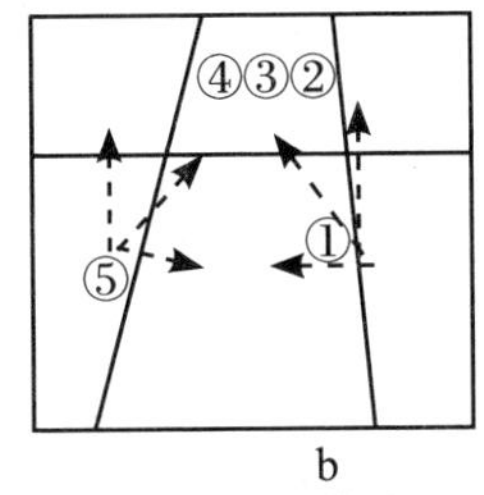

b

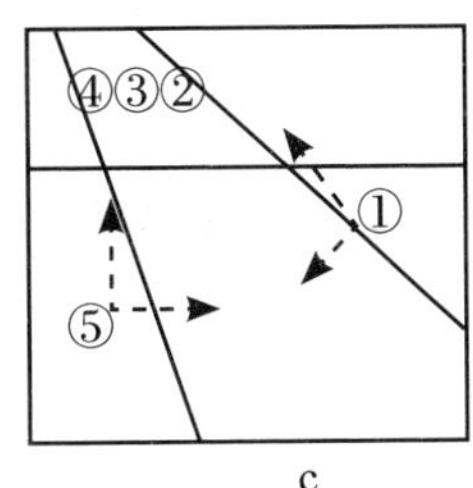

c

图 3–32　三人拦网防守阵型

3. 接拦回球

接拦回球的防守是本方在扣球的同时，其他队员采取的一种保护防守的方法。其防守阵型，应根据本方的进攻战术和对方拦回的情况，以及参加防守的人数来确定。除本方扣球队员要注意自我保护外，其余队员也必须要加强保护，尽量组成多道保护防线，积极防起被拦回来的球，并及时组织继续进攻。要根据扣、拦的情况灵活采用不同的站位，但扣球点附近是接拦回球最集中、最困难的地区，故应予以重点防守与保护。

（1）4 人接拦回球阵型及站位（五人制）

4 人接拦回球一般采用“二二”站位。

示例一：当二传队员将球传给 4 号位队员进行扣球时，由 3 号位和 5 号位队员组成第一道防线，2 号位和 1 号位队员组成第二道防线（图 3-33a）。

示例二：当二传队员将球传给 3 号位队员进行扣球时，由 4 号位和 2 号位队员组成第一道防线，5 号位和 1 号位队员组成第二道防线（图 3-33b）。

示例三：当二传队员将球传给 2 号位队员进行扣球时，由 3 号位和 1 号位队员组成第一道防线，4 号位和 5 号位队员组成第二道防线（图 3-33c）。

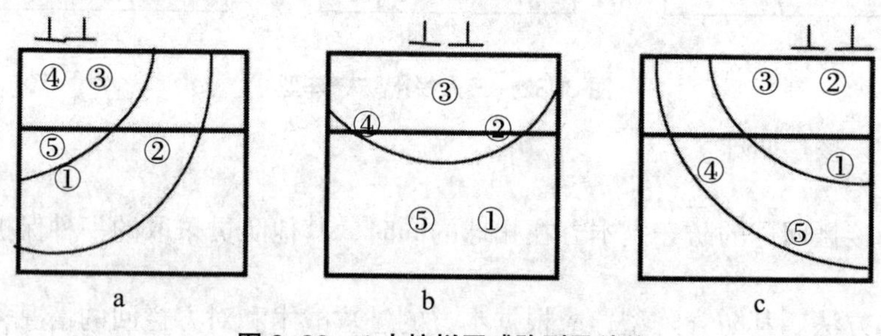

图 3–33　4 人接拦回球阵型及站位

（2）3 人接拦回球阵型及站位（四人制）：“二一”或“一二”站位。

示例一：当二传队员将球传给 3 号位队员进攻时，则由 2、4 号位队员组成第一道防线，1 号位队员组成第二道防线（图 3-34a）。

示例二：当二传队员将球传给 4 号位队员进攻时，则由 2 号位队员组成第一道防线，1、3 号位队员组成第二道防线（图 3-34b）。

示例三：当二传队员将球传给 1 号位队员进攻时，则由 2、4 号位队员组成第一道防线，3 号位队员组成第二道防线（图 3-34c）。

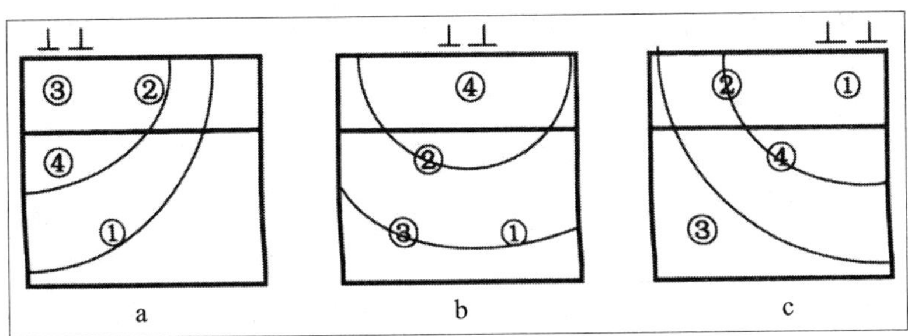

图 3-34　3 人接拦回球阵型及站位

4. 接传（托或垫）球

接对方传（托或垫）过网的球时，根据来球情况、运用时机等，可采用 4 人或 3 人接球的阵型。一般有以下两种情况：

其一，当对方第三次无法组织进攻传球过网时，本方后场区二传队员应提前做出预判，及时插到网前，前排队员迅速后撤或换位，站成 4 人或 3 人接球阵型，组织 3 点（五人制）或 2 点（四人制）战术进攻。

其二，当对方一传或二传有意识将球突然传过网时，本方在接扣球防守阵型的基础上，尽可能组织“边二二”（五人制）或“边三”（四人制）进攻战术，进行快攻战术配合。

（三）“四攻”战术系统及运用

气排球运动具有攻防紧密结合、攻守转换快的特点，除发球外，进攻总是在防守的基础上进行的。四攻系统包括接发球及其组织进攻系统（简称“一攻”，即接发球后第一次进攻）、接扣球及其组织进攻系统（简称“防反”，即接扣球防守后组织反攻）、接拦回球及其进攻（保攻）

系统、接传（托或垫）球及其进攻（推攻）系统。

1. 接发球及其进攻（一攻）战术系统

这个系统主要包括一传、二传、扣球等环节。接发球及其进攻的基本任务是将对方发过来的球接起来，并尽量准确地送给二传队员来组织各种进攻战术。由于发球线路较长，接发球队员有较充裕的准备和判断时间，易控制球的速度和落点，便于组织各种快速多变的战术。

（1）接发球的基本要求

①正确判断：应根据发球队员的位置来进行第一次判断，以确定合理的取位。发球队员击球后，再根据其发球手法、球的飞行路线和性能来进行第二次判断，及时移动，进行位置上的调整。

②合理取位：因发球过网后的距离、落点不同，故要进行合理取位。如对方发球弧度高、落点分散，接发球站位应前后分散，均衡站位。如对方发球速度快、弧度平、落点比较集中，接发球的位置要稍稍压后，队员前后靠近。在取位时，还应注意同排队员左右之间的位置和同列队员前后之间的位置关系，不要因为位置错误而失误。

③分工与配合：在接发球时，每个队员都要明确各自接球的范围和任务，避免互抢、互让和互相干扰的情况发生。一般后排队员接发球的范围可相对扩大些，接发球技术好的队员分工范围可大些；反之可小些。

当一人接发球时，其他队员特别是相邻队员应注意保护，随时准备接应。一旦球打手飞出界外、平冲入网或飞过球网时，其他队员则马上采取相应的措施。相互保护和相互补位既可减少失误，又可鼓舞士气。

（2）接发球进攻战术的运用

在接发球战术应用中，强攻战术是基础，快攻战术是重点。比赛中，应根据队员的技术、战术水平以及临场的实际情况，合理地运用快攻、强攻、两次攻和立体攻等战术，灵活组织多种多样的战术配合，给对方以出其不意的攻击，以取得第一回合的进攻效果。

①“中二二”进攻战术的运用

在运用“中二二”战术时，不同水平的队伍可采用不同的方法：水平较低的队伍宜运用定位进攻；中级水平的队伍可在定位进攻的基础上，采用集中、拉开、平拉开、背传半高球等进攻方法；高级水平的队伍不仅可以运用定位和活点相结合的进攻形式，还可采用两点跑动换位和后排远网进攻的方法。

（a）方法一：定位进攻。

示例一：3 号位队员传球给 4 号位队员或 2 号位队员集中或拉开进攻，1 号位队员后排远网进攻（图 3-35a）。

示例二：3 号位二传队员传球给 4 号位队员平拉开或 2 号位背传半

高球，5 号位队员后排远网进攻（图 3-35b）。

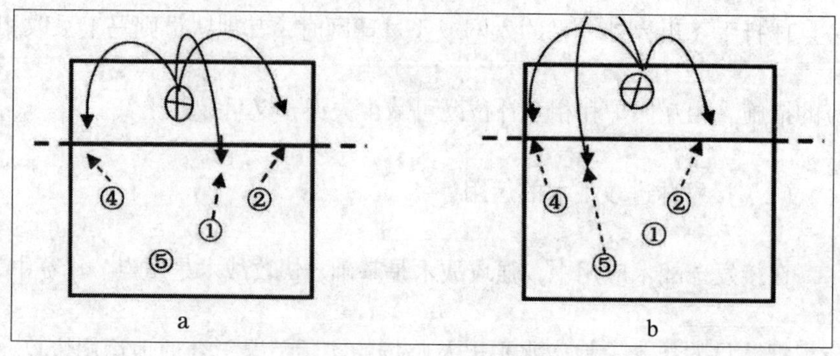

图 3-35　定位进攻

（b）方法二：定位与跑动换位两点进攻。由 4 号位队员定点进攻，2 号位队员跑动换位进攻（图 3-36）。

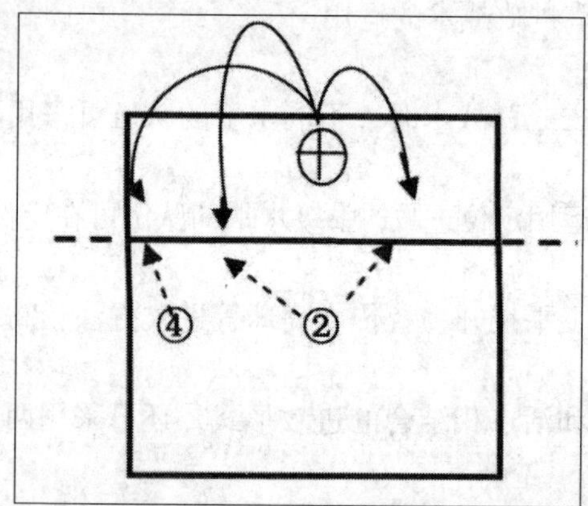

图 3-36　定位与跑动换位两点进攻

②“边二二”进攻战术的运用

“边二二”进攻战术可以根据本队的水平高低来进行变化，可组织前排两名队员定点进攻，亦可组织定位与跑动换位和后排远网攻。

（a）方法一：定位进攻。

示例一：3 号位队员集中扣球，4 号位队员扣拉开球，5 号位、1 号位队员后排远网进攻，这是“边二二”进攻战术的基本形式（图 3-37a）。

示例二：4 号位队员扣定位拉开高球或平拉开球，3 号位队员进行近体快或短平快实扣或掩护，1 号位队员后排远网进攻（图 3-37b）。

（b）方法二：定位与跑动换位进攻。

示例一：4 号位队员扣定位球，3 号位队员围绕跑动到 2 号位二传队员身后扣背快球或半高球，5 号位队员后排远网进攻（图 3-38a）。

示例二：4 号位队员内切跑动进行近体快或短平快实扣或掩护，3 号位队员做梯次进攻，1 号位队员后排远网进攻（图 3-38b）。

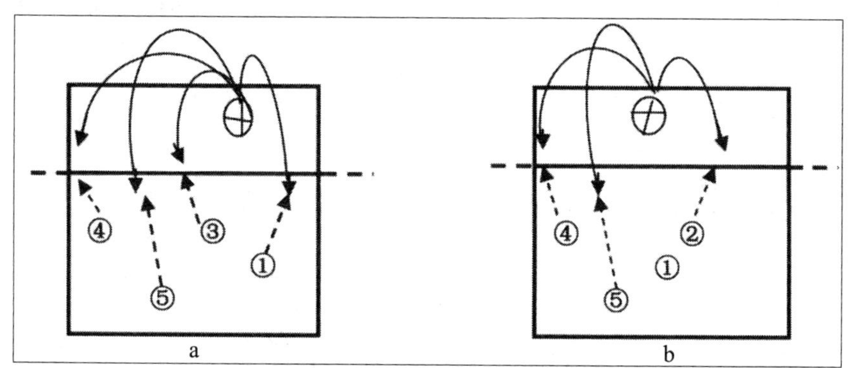

图 3–37　定位进攻

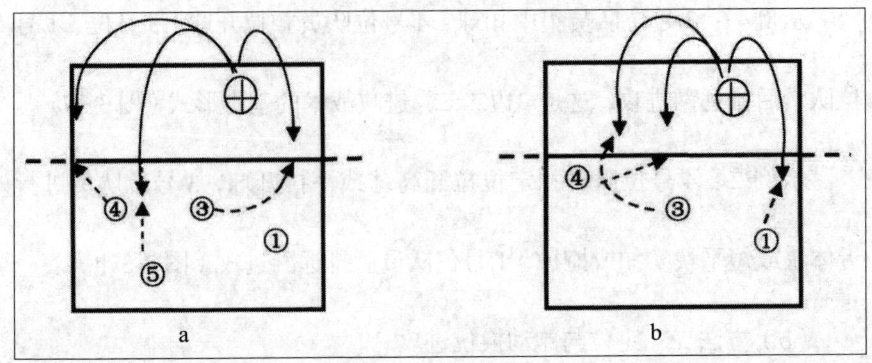

图 3–38　定位与跑动换位进攻

（c）方法三：“插三一”进攻。

“插三一”进攻可以充分利用快速多变战术，结合后排远网进攻，战术变化更加丰富多彩，为高水平球队所采用。

示例一：1 号位队员插上二传，3 号位队员扣近体快球或掩护，2 号位、4 号位队员两边拉开进攻，5 号位队员后排远网进攻（图 3-39a）。

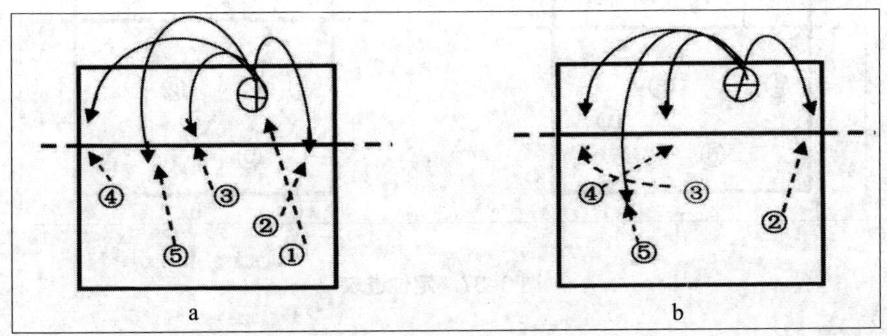

图 3–39　“插三一”进攻

示例二：2 号位队员定点强攻，4 号位、3 号位队员做前交叉进攻，5 号位队员后排远网进攻（图 3-39b）。

2. 接扣球及其进攻（防反）战术系统

接扣球及其进攻的过程包括拦网、后排防守、二传或调整二传、扣球等几个相互衔接的部分。其中拦网是第一道防线，后排防守是反攻的基础，二传或调整二传是组织反攻的桥梁，而反攻中的扣球是成败的关键。接扣球及其进攻的质量如何，是直接影响到能否得分的重要问题，因此接扣球及其进攻在比赛中占有更为重要的地位。

（1）接扣球的防守战术

接扣球防守由前排拦网和后排防守两部分组成。有效的拦网不仅可以抑制对方的进攻，还可以直接拦死对方的扣球，达到进攻的效果。后排防守是前排拦网的后盾，起到保护拦网、弥补拦网的作用，把没有拦到的球接起来后，再组织进攻。所以只有前后排队员紧密配合，才能收到预期的防守效果。

①集体拦网：是在个人拦网技术的基础上进行二三人的协同拦网配合。

拦网配合的注意事项：组成集体拦网时，要以一人为主，另一人或二人配合其行动，防止各行其是；主拦队员要抢先移动，正确取位，以便同伴配合；起跳时互相之间要保持好距离，并控制好身体重心，避免互相冲撞或干扰；拦网队员在球网上空的手之间的距离既不能让球漏过，又要组成尽可能大的阻截面。

（a）双人拦网：双人拦网是集体拦网的主要形式。根据对方不同的进攻位置，双人拦网的具体分工也不同。

五人制：当对方从 4 号位组织进攻时，应以本方 2 号位队员为主，3 号位队员协同配合，组成双人拦网；当对方从 2 号位组织进攻时，应以本方 4 号位队员为主，3 号位队员协同配合，组成双人拦网（图 3-40a）；当对方从 3 号位组织进攻时，应以本方 3 号位队员为主，4 号位或 2 号位协同配合，组成双人拦网（图 3-40b）。

四人制：当对方从 4 号位组织进攻时，应以本方 2 号位队员为主，3 号位队员协同配合，组成双人拦网；当对方从 2 号位组织进攻时，应以本方 3 号位队员为主，2 号位队员协同配合，组成双人拦网（图 3-40a）；当对方从 3 号位组织进攻时，应以本方 2 号位队员为主，3 号位协同配合，组成双人拦网（图 3-40b）。

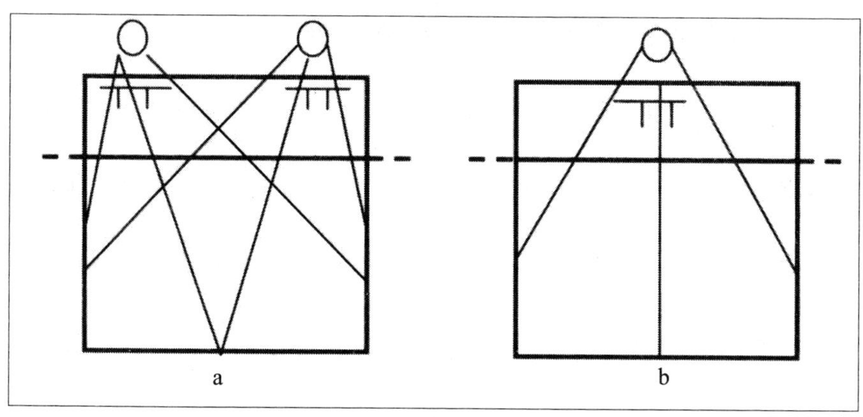

图 3–40　双人拦网

（b）三人拦网（五人制）：当对方进攻凶狠有力、吊球较少，或在某些轮次进攻异常顺利，采用双人拦网难以阻拦其进攻时，可以组织三人拦网。在组织三人拦网时，一般应以中间队员为主，两侧队员协同配合拦网。有时根据对方进攻的特点，也可以 2 号位或 4 号位队员为主，另外两名队员协同配合拦网。采用三人拦网，虽然加强了第一道防线，但增加了后排防守的困难，对组织反攻也有所不便。因此在比赛中应根据对方进攻的具体情况灵活采用。

拦网战术的变化：当对方进攻威力不大、路线变化不多时，一般多采用单人拦网；当对方进攻威力较大、打吊结合、战术灵活多变时，应积极组织双人拦网；当对方进攻凶狠有力、吊球较少时，可以灵活采用三人集体拦网。

示例一：人盯区拦网技术。前排拦网队员各负责一个区，无论对方采用何种进攻战术，本方都可以采用盯区拦网。

示例二：人盯人拦网技术。拦网队员各自负责对方进攻队员，无论对方跑向何处进攻，均由专人盯住他拦网。其优点是职责清楚，分工明确，以免造成无人拦网的局面。缺点是当对方采用战术进攻时，拦网队员容易相互抵消。

②后排防守：后排防守是第二道防线，是组织反攻战术的基础，是关系到能否得分的重要问题。同时，后排防守还体现了一个队的精神面貌，能鼓舞士气、增强信心、激发队员的斗志。

后排防守应注意的事项：

（a）与拦网的配合。后排防守必须与前排拦网密切配合，互相弥补。一般情况下，拦网的主要任务是封住对方的进攻路线。后排的防守任务是堵住拦网的空隙和对方的次要进攻路线，以及防止对方的吊球或打手出界球。

示例一：对方主要进攻路线为直线时，本方应拦直线、防斜线。

示例二：对方中间队员进攻时一般有两条线，本方如拦直线，则应防转体、转腕斜线；如拦转体斜线，则防直线（图 3-41）。

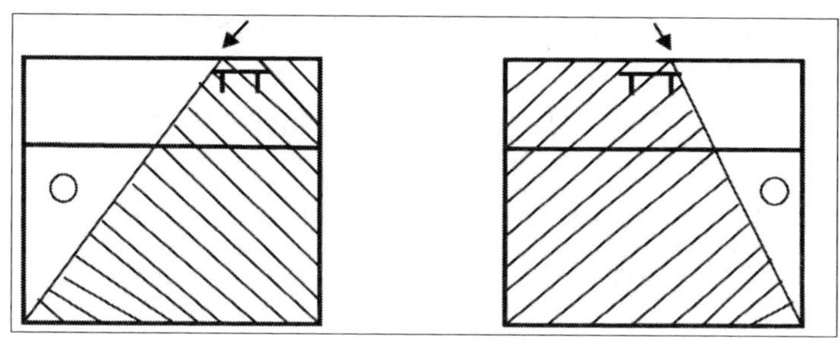

图 3–41 与拦网的配合

（b）互相弥补和接应。后排防守中，当发现其他队员判断行动失误时，其他队员都应做好接应的准备，主动采取弥补措施，抢救垫飞的球。另外，前排拦网队员落地后要及时转身接应后排防守起来的球，并立即转入反攻。

心理因素在后排防守中起着重要的作用。因此，比赛中队员要树立必胜的信念，发扬勇猛顽强、不怕摔打的拼搏精神。同时，防守队员要互相呼应、互相鼓励，这样既能调节自己的情绪，使中枢神经处于良性兴奋状态，又能起到活跃场上气氛、鼓舞斗志的作用。

③防守各种进攻战术的布局及其变化：由于各种进攻战术的特点不同，因此在布防时既要考虑本方的情况，又要考虑对方的打法变化，以灵活采用各种防守形式。

（a）防守强攻战术的布局及其变化。强攻战术主要是高点重扣、路线变化及远网调整扣球、后排进攻、超手扣球等方法的变换应用。为此，防守方靠近进攻点的前排队员，要根据对方二传球的落点和进攻队员的跑动路线，及时正确取位，与其邻近的队员应迅速移动、靠拢，组织双人或三人拦网。拦网时，要拦住扣球的主要路线。不拦网的队员要根据情况后撤，后排防守位置应在扩大防守面的前提下，与前排拦网紧密配合，相互弥补。

（b）防守快攻战术的布局及变化。快攻战术变化虽多，但发动区域大多在后排中和后排右的位置，因此，拦网取位应向中间靠拢，在人盯人单人拦网的基础上，尽可能地组织双人拦网，如来不及组成双人拦网时，应根据临场情况，前排不拦网的队员后撤防吊球，或与后排队员组成相应的防守阵型。

（c）防守“两次球及其转移”进攻战术的布局及其变化。当对方“两次球”进攻时，四人制比赛一般采用单人拦网，五人制比赛一般由 3 号位队员向两边靠拢组成双人拦网，另一名拦网队员准备拦转移后的快攻或后撤防“两次球”吊球；五人制比赛中，如果进行“两次球”进攻的队员攻击性较差，也可采取单人拦网，另两名拦网队员准备拦转移后的快攻或后撤防“两次球”吊球。

（2）接扣球进攻战术

接扣球进攻战术在比赛中出现的次数多，是得分的主要手段，对比赛的胜负起着重要作用。进攻战术也可采用接发球战术的形式，但运用时要复杂困难得多。接扣球进攻战术的运用能力，不仅取决于拦网的效果和后排防守起球的到位程度，还取决于二传队员的组织能力、其他队员调整传球的能力和扣球队员扣调整球能力以及强攻能力与快攻意识等条件。接扣球进攻除直接拦死、拦回外，还有以下两种情况：

①触及拦网队员手后的组织进攻：在比赛中，球被拦起后落在本方场区的情况不少，而这种球的飞行很不规律，因此，要根据具体情况，灵活运用各种打法，组织进攻。前排拦起的高球，落点在前场或中场，可由扣球队员本人或跟进保护队员将球传、垫给后排队员，组织“两次球”进攻，进行突然袭击。在一传到位的情况下，可由跟进保护的队员“插上”组织进攻，接发球进攻时所运用的战术都可以采用。前排拦起的低球，速度快，落点远，球不易传，垫至网前，则要求二传队员和其他队员都积极准备，将球调整传给不拦网后撤的队员进攻。

②后排防守起球后的组织进攻：在前排没有拦到球时，主要靠后排防守起球组织进攻。当后排队员防守起球时，前排二传队员在拦网落地后，立即转身传球。其他队员也要准备接应，离球最近的队员可作二传，组织进攻。当后排防守的球到位时，接发球所运用的战术都可以采用。

3. 接拦回球及其进攻（保攻）战术系统

接拦回球及其进攻也称为“保攻”，其既不同于接发球进攻，也不同于接扣球进攻，是一种自成体系的进攻形式。保攻系统包括保护、二传、扣球等环节。自从规则允许过网拦网后，拦网即由消极的防守转为积极的进攻。因此，球被拦回的次数不断增加。在比赛中，接好被拦回的球，不仅可以减少失分，而且能增强扣球队员的信心。

（1）接拦回球的特点和要求

在扣球进攻的同时本方其他队员也需要采取一种防守阵型，以便有效地接起被拦回的球。由于攻、拦之间的攻守转换时间极为短促，而被拦回的球，其飞行路线多数呈锐角反弹回来，其速度快、路线短、离网近、突然性大，所以除要求队员具备快速敏捷的反应能力和掌握多种多样垫、挡、顶等防守技术外，还必须布置合理的防守阵型。

防拦回球时，队员选择的位置应根据扣球的方向、路线、力量和击球点离网的远近，以及对方拦网的高度和手型而有所不同。但扣球点附近是接拦回球最集中、最困难的地区，所以，这一地区应作为重点防守的地区。接拦回球的难度较大，能否完成保护同伴扣球的任务，对比赛的胜负有一定的影响。

（2）接拦回球的阵型及其变化

接拦回球的阵型应根据本方的进攻战术和对方拦网情况，以及参加防守的人数来确定。接拦回球时一般采用 4 人、3 人等阵型。

（3）接拦回球进攻

接拦回球进攻比接发球进攻、拦起后进攻及后排防起后进攻的难度更大，要求更高，一般有以下 3 种情况：

①如拦回的球角度小、速度快、落点近网，则要求第一次击球时尽量将球垫高，争取调整二传组织强攻扣球。

②如拦回的球速度慢、落点远网，则应有意识地将球垫给二传队员来组织各种进攻战术，或直接将球传给其他队员进行“两次球”进攻或在第一次击球时直接扣球进攻。

③如拦回的球弧度高、落点在中后场，则应通过二传组织一系列的快攻战术或组织两次球的进攻战术。其进攻形式与接扣球进攻基本相同。

4. 接传、垫球及其进攻（推攻）战术系统

接传、垫球及其进攻，简称“推攻”。推攻即接对方没有组成有效进攻而推过来的球组织进攻，这个系统包括接对方垫过来的球、二传、扣球等环节。在气排球比赛中，当对方无法组织进攻时，被迫将球传、垫过网的情况，不仅在较低水平队中经常出现，就是在高水平队的比赛中也时有所见。这时，如果能抓住“机会球”，组织快速战术进攻，就能扩大战果，争取得分。如果掉以轻心，不仅会丧失良机，还会导致被动局面。因此，接传、垫球及其进攻也是不能忽视的环节，其进攻形式

与接发球进攻形式基本相同。

（1）接传、垫球的特点

在比赛中，以接传、垫球的方法击球过网，一般都是在不得已的情况下采取的。因此，接球的一方有较充裕的时间从容地将球传、垫起来组织进攻。但有时对方会有意识地利用各种方法给接球一方制造困难，如平传空当、垫高球、迫使二传队员接球等。其力量与速度虽不及扣球和发球，但落点刁钻、突然性大，也会造成接球一方难以组成有效的进攻战术。

（2）接传、垫球阵形及其变化

对方传、垫过网的球，根据其运用的时机、条件以及来球性能的差异，可采用以下几种接球阵形和进攻战术打法：

①当对方一传将球垫飞，接应队员将球调整在中、后场附近，第三次无法组织进攻时，本方后排二传队员应尽早插到网前，前排队员快速后撤或换位，可以采用 4 人或 3 人接发球阵型，尽量组织“两次球”进攻，机会合适时也可在第一次击球时直接扣球进攻。

②当对方二传将球调整到中场附近，因高度限制，不能扣球时，常采用上手平传过网，并辅之找空当、弱区的方法。接这种球的基本方法同上。

③当对方一传或二传击球时，有意识地将球突然传垫过网时，本方发球队员应迅速进入球场防守补位，在接扣球防守阵型的基础上，尽可能组织“两次球”战术，以达到出其不意的效果。

④当对方传、垫球落在本方前区时，前排队员也已经后撤，这时可组织“两次球”进攻战术。如对方传、垫球落在后区，前排队员能较充裕地后撤准备进攻，此时组织战术方法与接发球进攻战术相同。

第四章　气排球技战术教学与训练

第一节　气排球技术教学与训练

一、准备姿势与移动技术的教学与训练

（一）教学与训练难点

准备姿势的目的是迅速起动、快速移动接近球，为此必须根据预先判断做出各种准备姿势。对初学者来说判断十分重要，也是教学训练的难点。

移动教学训练的难点：起动快慢。关键：准备姿势和起动的衔接。

（二）教学训练顺序

准备姿势和移动是气排球运动中各项技术的基础。在教学中应遵循由简单到复杂，由基础到结合各项技术的原则进行。

1. 准备姿势的教学

一般首先学习稍蹲准备姿势，然后学习半蹲和低蹲准备姿势。要与学习传球、垫球技术的徒手动作练习相结合进行。

2. 移动的教学

首先学习跨步、并步、滑步、交叉步，然后学习跑步和综合步。移动步法的练习，必须与准备姿势和制动的练习紧密结合，同步进行，并结合接发球、防守、保护、二传、吊球、扣球、拦网等技术运用进行。

3. 准备姿势和移动的练习时间

一般安排在训练课的准备部分，结合发展反应、灵敏、速度、协调等身体素质进行练习。

（三）教学训练步骤

1. 讲解与示范

（1）讲解：首先讲解准备姿势与移动在气排球比赛中的重要作用，其次讲解动作要领、常出错误的动作及运用时机。讲解动作顺序应自上而下，即从脚和膝部讲起。然后讲解躯干、上体、手臂和头部的姿势，要突出不同步法动作的异同点。

（2）示范：既要做正面示范，也要做侧面示范。在做移动的示范时，向前后移动做侧面示范，向左右移动做镜面示范。准备姿势和移动也可以边讲解边示范，学习者边听边模仿做徒手动作。前后方向的跨步、跨跳步、后退步、跑步以侧面示范为主；左右方向的跨步、跨跳步、并步、滑步、交叉步以正面示范为主。

2. 组织练习的顺序

原地徒手模仿练习→徒手移动模仿练习→结合球的各种练习。

（四）练习方法

1. 准备姿势的徒手练习方法

（1）学习者试做准备姿势，教练员巡回检查纠正其动作。旨在建立初步概念，体会完整动作。

（2）将学习者分成两排，面对面站立，一排做动作，另一排纠正对方错误，两排学习者互教互学。

（3）学习者看教练信号做动作。几个姿势交替练习，如此反复，教练随时纠正其动作。也可以让一排学习者做，另一排学习者纠正其动作。

2. 移动的徒手练习方法

（1）学习者在教练的引导下，徒手试做各种移动步法，体会完整动作。

（2）学习者由半蹲准备姿势开始，根据教练手势做各种步法的快速移动。手势幅度要大，求和手势换向由少到多，要求移动低、快，重心平稳，变向再启动和移动动作要按要领做练习，移动后保持好准备姿势。

（3）3 ~ 4 人一组，站在端线后，先做原地快速小步跑，听到教练口令后，快速起动冲刺跑 6 米或跑过中线。

（4）两人一组相对站立，一人随意做各种移动步法，另一人跟随做同方向的移动。

3. 结合球的练习方法

（1）两人一组，相距 2 ~ 3 米，做好准备姿势，一人向前、后、左、右抛球，另一人移动后将球接住再抛回，连续进行一定次数后两人交换。

（2）两人一组，相距 4 ~ 5 米，一人向前、后、左、右抛球，另一人移动对准球后用头将球顶回。规定完成若干次后两人互换。

（3）两人一组，相距 6 ~ 7 米，各持一球，两人同时把球滚向对方体侧 3 米左右处，移动接住后再滚给对方，如此往复进行。

（4）学习者面对教练站立，教练将球抛到学习者身前、身后或两侧，学习者快速向前或转身改变方向移动去接球。

4. 综合技术练习

在接发球、防守、保护、二传、吊球、扣球、拦网等技术运用中练习无球移动，结合击球移动，重点练习前、后、左、右四个方向的移动和“米”字形八个方向的移动。进一步做防打手出界的不同方位的连续性动作组合练习。组合的前后项目环节要相关、实用，结合实战。组合动作由两个环节过渡到三至四个环节。

（五）常犯错误与纠正方法

准备姿势和移动常犯错误与纠正方法见表 4-1。

表 4–1　准备姿势和移动常犯错误与纠正方法[①]

技术	常犯错误	纠正方法
准备姿势	1. 臀部后坐，全脚掌着地	1. 讲清要领，反复示范 2. 强调含胸、收腹、前倾，两膝投影线超过脚尖
	2. 两膝僵直，重心太高	1. 练习中两脚保持微动 2. 多做低重心屈膝姿势的移动练习
移动	1. 缺乏判断，移动慢	1. 明确概念，多做各种姿势下的起跑练习 2. 结合视觉信号多做起动练习 3. 多做短距离的各种抛接球练习
	2. 身体重心起伏过大	1. 强调移动后要保持好准备姿势 2. 多做网下的往返移动练习
	3. 制动不好，制动后不能保持准备姿势	1. 强调制动要求 2. 练习时注意脚和膝内扣，最后一步稍大

（六）教学训练中应注意的问题

1. 让学习者充分认识准备姿势和移动技术的重要性，发扬不怕苦、不怕累的精神。同时，多结合短距离跑动或游戏的形式来进行练习，以激发学习者的学习兴趣。还要经常强调保持正确的准备姿势，促使学习者养成良好的习惯。

2. 多做视觉信号反应练习，培养视觉的观察判断能力。同时要把准备姿势、反应起动和各种移动步法及制动技术结合起来进行练习。

3. 练习方法要多样化，避免枯燥。如采用对抗、竞赛、游戏等练习方式，激发学习者的学习兴趣。多结合球、场地和其他技术进行练习，

① 杨娅男主编：《排球教学与训练》，厦门大学出版社 2018 年版，第 20 页。

增强学习者对各种不同情况的判断反应和移动能力，并更加明确与不同技术衔接运用的要求。

4. 加强腿部、腰腹力量的练习，特别要加强髋关节和脚步灵活性的练习。如多做距离 2 ~ 3 米的折返跑、变速跑和变向跑等练习。

二、发球技术的教学与训练

（一）教学与训练难点

1. 抛球

抛球是发好球的前提条件。教学中不仅要求学习者注意抛球的高度、位置，更要求其掌握抛球的方法。抛球方法一般是先把托球手掌置于腹前，抛球时，整个手臂向上伴送，将球向预定位置送出，尽量不使球旋转。发一般球和飘球的抛球高度、位置不相同，要提醒学习者加以区别。

2. 挥臂的轨迹和用力方法

不同发球的挥臂方式也不尽相同，受挥击用力方法和击球方法的制约。上手发球的挥臂击球前一段轨迹是向击球臂前上方进行运动，发飘球的击球前后一段轨迹基本平行于地面做向前运动。上手发球要求整个手掌击球，打出上旋球，接触面积较大，要求手上的动作从下而上做鞭甩打击动作；发飘球要求击球面积小，作用力通过球体重心，要求手上动作由后向前做鞭甩打击动作。

3. 击球的手形

发球时要求以相应的手形击打球体，这也是发一般球和飘球的区别。发一般球要求五指张开，适度紧张，击球时手指与球自然吻合，手腕主动向前做推压动作，使球呈上旋飞行。发飘球要求五指并拢，手腕稍后仰，用掌根或手掌部位击球。击球前，手臂加速挥摆，击球用力通过球体重心，使球呈无旋转轴的飘晃状态飞行。

（二）教学训练顺序

发球技术种类较多，技术动作难易程度差别较大，所以教练教学时应根据学习者性别、年龄及身体素质等情况来确定教学的先后顺序。一般情况下，对于女性而言，通常先教下手发球，后教正面上手发球，然后是正面上手飘球、侧旋球和大力发球等；对于男性而言，可先教正面上手发球，然后是正面上手飘球、大力发球、侧旋球等。

（三）教学的方法与步骤

1. 讲解与示范

（1）讲解

教学时，教练首先讲解发球在比赛中的作用及教授的技术动作的名称和技术特点，其次讲解发球的准备姿势与抛球方法及挥臂与击球的手法，最后提出下肢与腰腹协调配合用力的方法，反复强调抛球是发好球的前提，击球是关键，手法是保证。

（2）示范

在发球区，教练先做侧面的发球完整动作示范，然后再做正面、侧面的分解动作示范。正面示范主要看两脚站距、抛球方法，侧面示范主要看抛球方位、挥臂轨迹、击球手法、击球部位、两脚前后站距、下肢配合工作和击球时重心前移过程，从而加深学习者对发球技术动作的直观感受。

2. 组织练习的顺序

徒手模仿练习→抛球练习→击固定球练习→抛球与击球动作结合的练习→巩固和提高发球技术的练习→结合教学比赛的实战发球练习。

（四）练习方法

1. 徒手模仿练习

（1）徒手模仿发球的挥臂动作和抛球动作，体会发球用力顺序和挥臂的轨迹，掌握正确的挥臂方向和速度。

（2）徒手做抛球挥臂击球动作练习，即做好准备姿势，左手前上置于击球点位置，右手做挥臂击球练习（在左手掌上），体会击球手法和击球部位，练习抛球、挥臂、击球动作的协调性。

2. 抛球练习

（1）原地抛球手法练习：做抛球练习时，要求掌心向上平稳地托送球，练习正确的抛球手法，体会抛球的位置和高度。

（2）固定目标的抛球练习：每人一球站在网边或墙边，利用球网或墙壁的适当高度作为标记，练习抛球的准确性。

（3）做抛球、抬臂和引臂的配合练习：体会抛球的位置、高度和振臂的连贯动作。

3. 击固定球练习

（1）模仿发球挥臂动作击固定球练习，即一人双手持球置于腹前或头上，另一人做挥臂击球练习（不要将球击出），体会击球部位和手法。

（2）击固定球或吊球练习，即一人将球按在墙上，一手挥臂练习击固定球或将球吊在空中，练习挥臂击球，主要体会挥臂动作、击球手法、击球点和击球部位。

（3）两人对击练习，即 3 人一组，甲持球，乙、丙面对面站立，做好发球的准备姿势，同时做击球动作，击甲手中的球，体会挥臂击球时手臂发力的肌肉用力感觉。

4. 抛击结合

（1）抛球与挥臂击球练习：结合抛球、引臂和挥臂击球的练习（不把球击出），体会抛球引臂和挥臂击球动作的协调配合。

（2）对墙或挡网做抛球与挥臂击球练习：体会抛球与手臂挥摆的配合以及击球手法的用力。

（3）两人站立两条边线上对发练习：体会挥摆路线与正确的击球部位；或两人隔网对发球练习，体会控制球的力量与弧度。

5. 巩固和提高发球技术的练习

（1）巩固发球练习：3 人一组，发球者与接发球者相距 6 米左右，另一人站在接发球者右前方做二传，3 人完成规定次数与组数后进行交换。

（2）发球准确性练习：可将对方场区划分成左右或前后部分，或规定区域，进行点线（直线、斜线）结合的练习。

（3）发球攻击性练习：在准确性的基础上，降低发出球的弧度，加快发球速度，发力量重、飘度大的球，或向场地的“三角区”，1 号位、5 号边角处做发球练习。

6. 在比赛的条件下提高发球技术

（1）三人一组，轮流在 3 号位、2 号位扣球后，迅速跑到发球区发球。

（2）在前排拦网后迅速跑到发球区发球。

（3）发球后迅速进场防守。

（4）发球比赛。将队员分成人数相等的两组进行发球比赛，从统计看结果。

（5）在分组比赛或对外比赛中进行统计，检查发球结果。

（五）常犯错误与纠正方法

发球技术常犯错误与纠正方法见表 4-2。

表 4–2　发球技术常犯错误与纠正方法 ①

技术	常犯错误	纠正方法
正面下手发球	1. 准备姿势抬高 2. 抛球太高、太近或太远 3. 抛球与摆臂击球不协调 4. 挥臂方向不正、击球不准	1. 讲清概念，练习前做好准备姿势 2. 直臂抛球距身体一臂远，二三十厘米高，反复练习抛球动作 3. 反复结合抛球做摆臂练习 4. 击固定球或对墙做发球练习
侧面下手发球	1. 抛球太高或偏离击球轨道 2. 抛球与摆臂击球不协调 3. 未用蹬转力量，带动右臂向前方向摆动	1. 直臂抛球距身体一臂远，反复练习抛球动作 2. 反复结合抛球做摆臂练习 3. 反复徒手做蹬转及挥臂路线练习
上手大力发球	1. 抛球偏前、偏后 2. 挥臂未呈弧形 3. 无推压动作 4. 用不上全身协调力量	1. 讲清抛球方法，做固定目标抛球练习 2. 反复徒手做弧形挥臂或扣球练习 3. 对墙轻扣球，体会手抱球推压动作，使球前旋 4. 掷小网球或用杠铃片或对墙平扣
勾手大力发球	1. 抛球偏前、偏后 2. 挥臂动作不协调 3. 没有用上转体的力量	1. 做固定目标抛球练习 2. 徒手做挥臂击球练习 3. 击固定球练习

① 谭洁主编:《气排球运动教程》，湖南师范大学出版社 2017 年版，第 93 页。

技术	常犯错误	纠正方法
跳发球	1. 抛球与助跑起跳脱节 2. 起跳空中手与球保持不好 3. 全手未满打球 4. 腰腹力量用不上	1. 多练抛球、助跑与起跳的配合 2. 跳起空中击吊球练习 3. 多扣抛向进攻线以后的球 4. 对墙连续扣反弹球或多扣远网球练习

（六）教学训练中应注意的问题

1. 发球技术教学应遵循由易到难、由简到繁、循序渐进的原则，在教学顺序安排上，通常是先教下手发球，再教上手发球，最后教飘球、勾手大力发球及其他发球技术。

2. 在教学中要抓住抛球动作与摆臂击球动作的协调配合，因为抛球是前提，击球是关键和难点。抓住抛球和击球这两个环节，强调抛球要平稳，挥臂动作要迅速协调，击球要准确。

3. 在发飘球教学中，教练应简单讲解球产生飘晃的原因和在动作上与发旋球的区别，让学习者能主动思考发飘球的动作方法，体会击球用力的方向、手法和击球的部位。

4. 在发球教学中，教练要合理安排教学与练习的时间。每堂课都应保持一定时间的发球练习。一般可安排在两个大运动量练习之间，或安排在课的后段进行。

5. 在发球教学中，由于发球练习的形式比较单调，教练要不断变化练习的方法，提出具体要求，并将发球与接发球结合起来进行练习。

三、接球技术教学与训练

（一）教学与训练难点

接球技术根据比赛的需要，可分为接发球垫球、接扣球垫球、接拦回球垫球和垫击二传球等。教学训练的难点之一是如何对付各种发球技术产生的接发球动作分化区别。不同发球技术基本可分为力量速度旋转型、一般飘球型、特殊飘晃型，要针对不同类型的发球进行不同的教学，有的放矢，帮助学习者把握不同接球方式的击球手形、击球点和击球部位。难点之二是快速移动后，对正来球插入球下的技术动作。要求在正确判断的前提下，早启动，采取适宜的步法快速移动，保证最后双臂插入球下。难点之三是垫击时手臂与地面的合理夹角，对不同发球的垫击有不同的垫击夹角。难点之四是手臂和身体的协调用力，这是影响手控球的关键环节之一。要求手臂垫击球后的微调通过腰和手臂的协调用力体现出来。这种微调效应必须通过大量的练习，形成良好的球感才可实现。气排球球体轻，手对球的控制能力更加重要。必须在教学、训练中通过不断地强化训练，来逐步提高这种微调能力。

（二）教学训练顺序

接球技术种类多、运用广，因此在教学中要根据学习者的具体情况和动作的结构难度，先易后难地安排教学。一般教学顺序为：正面双手垫球→体侧垫球→接发球→跨步垫球→半跪垫球→防吊球→防扣球→背向垫球→退让垫、单手垫、挡球→前扑垫球、倒地垫球、滚翻垫球、鱼跃垫球→垫球调整二传→垫球处理入网球、网前球→保接拦回球→吊、扣拦回球的自保垫球→拦飞、防飞的上挡球和单、双手垫球处理球。

（三）教学训练步骤

1. 讲解与示范

（1）讲解：教练首先讲解接球技术在气排球比赛中的作用、技术特点和动作要领。重点讲解手形、击球部位、击球点、手臂角度及身体上下肢的协调用力动作。

（2）示范：教练先做接球的完整动作示范，让学习者建立接球技术的完整动作概念，然后进行分解示范，也可以边讲解边示范。正面示范与侧面示范要结合运用，让学习者加深印象。

2. 组织练习顺序

徒手练习→连续击球练习→对墙垫球练习→两人互动防守接球练习→移动防守接球→接发球练习→接扣球练习→结合教学比赛及各种串联练习。

（四）练习方法

1. 徒手模仿练习

（1）手形练习：徒手模仿练习，教练及时检查并纠正错误动作。

（2）结合球的练习。

（3）连续击球练习。

（4）对墙练习：学习者每人一球，距墙 2 米处连续对墙击球。要求击球手形、垫击点和击球部位正确，用力协调，控制球能力强。

（5）2 人一组击球互动练习。

2. 结合移动的垫球练习

（1）移动连续击球练习：每人一球，向左、向右、向前、向后移动击球。要求学习者在移动垫球时低重心移动正面垫球。

（2）2 人或 3 人一组，一人抛球，另一人或两人轮流向左、右、前、后移动击球。要求移动速度不宜太快，垫出的球要稍高，并控制好落点。垫球者尽量做到正对击球方向击球。

（3）3 人一组跑动击球或 4 人一组三角移动击球。要求击球人尽量移动到位，对正来球，把球准确击到位。

3. 结合接发球的击球练习

（1）2 人一组，相距 7 ~ 8 米。先一掷一击练习，再过渡到一人下手发球或上手发球，另一人接发球。要求接至假设的二传位置上。

（2）2 人一组，相距 9 米，一发一垫。或 3 人一组，一发两人轮流接发球。要求发球要稳，然后逐步拉长发球的距离，增加发球的难度。

（3）3 人隔网或不隔网，一发一击一传练习。要求发球准，接发球者积极移动取位，把球击到传球队员的位置上，传球队员再将球传给发球人。

4. 结合接扣球、吊球的垫球练习

（1）2 人一组，一扣一防练习。要求接扣球者做好防守准备姿势，开始练习时扣球要稳，随着防守者的逐步适应，可逐步增大扣球的难度。

（2）3 人一组，一扣一防一传练习。要求扣球队员扣、吊结合，防守队员相互配合、互相呼应、互相保护。

（3）轮流连续接扣球练习。由教练在网前扣球或在高台上隔网扣球。要求接扣球者在 5 号位、1 号位连续接扣球练习。

（五）常犯错误与纠正方法

接球技术常犯错误与纠正方法见表 4-3。

（六）教学训练中应注意的问题

1. 接球教学应在简单条件下进行练习，如原地徒手练习以及击固定球的练习，原地击一般弧度和落地比较固定的轻球，再进行移动击球练习。在学习者击球动作基本正确，能初步控制击球的方向和落点后，再逐步加大练习的难度。

2. 发球、接发球是两个相联系的对立面，因此在教学与练习中应使两者紧密结合，互相促进，不断提高。接发球又是组织进攻的基础，应抓住控制球能力这个重点和难点反复进行练习，以提高手臂对球的控制能力。

表 4–3　接球技术常犯错误与纠正方法 ①

技术	常犯错误	纠正方法
抱球	没有形成正确的手形，手不是弧形，触球部位不准确，两手发力不协调	进一步示范、讲解，用抱球动作接球，体会手形；近距离地对墙抱球，体会手指触球
捧球	没有形成正确的手形，手不是半球状，手指触球部位不准确	进一步示范、讲解，用捧球动作接球，体会手形，体会手指触球
插托球	没有形成正确的手形	进一步示范、讲解，用插托动作接球，体会手形，体会手指触球
正面垫球	1. 屈射、两臂不平，击球部位不对 2. 移动慢、对不正球 3. 没有蹬伸、抬臂动作，垫球时挺腹 4. 两臂用力不当，摆动幅度过大，动作不协调，用力过猛	1. 模仿练习、垫固定球，自垫发力练习 2. 移动抢救球，两臂夹球移动垫 3. 多做徒手动作，在其练习时教练用力控制其腰腹 4. 垫固定球，体会用力和协调发力，或近距离垫抛来的低球和连续自垫低球

3. 在接扣球技术教学中，应强调做好防守的判断、准备姿势，加强起动和移动步法练习。要教会学习者观察和判断来球的方法，提高起动速度和移动取位的能力，防止只重视手法而不重视步法的倾向。

4. 随着垫击球技术的不断熟练，要尽量结合攻防战术来进行练习。如在防守练习中，将垫球与拦网、保护、调整传球和反攻扣球等技术串

① 谭洁主编：《气排球运动教程》，湖南师范大学出版社 2017 年版，第 96 页。

联起来进行练习，这样既能提高技术的运用能力，又能培养战术意识和同伴间的默契配合。

四、传球技术教学与训练

（一）教学与训练难点

一是取位。二传取位是否得当是传球的基础。要做好这点取决于传球前准确的判断、快速合理的移动，因此必须重视步伐训练。

二是手形。手形是传球技术教学与训练中始终要抓好的一个重点，也较难掌握。因为触球时手形正确与否直接影响手控制球的能力和传球的准确性，直接影响二传的传球质量。初学者只有掌握了正确的手形，才能保证正确的击球点和较好地运用手指、手腕的弹力。

三是传球的高度、弧度、速度。各种战术球都有特定的高度、弧度和速度要求，二传用力要适宜。这就要求二传队员掌握不同二传球的概念，在传球时对球的用力和手控球能力强。而这些能力建立在良好的球感基础上，良好的球感使二传队员传完球后手指有一个微调补偿作用，从而使二传队员同攻手的进攻配合相吻合。

四是二传队员与攻手主动配合默契问题。二传队员与攻手的默契在长期的练习中产生。二传队员应主动运用技术，寻求与攻手的最佳配合。如通过提高击球点和降低击球点慢出球以及通过控制球的飞行速度、弧度、高度等手上动作，将二传队员与攻手的时间配合调整在最佳范围之内。

五是二传队员的视野。视野是二传队员必不可少的一项基本功。二传视野一般宽阔的表现为：在场上能观察到扣球手的上步方向、时间和节奏及扣球手起跳腾空后的动作；较为开阔的队员除了上述表现外，还能观察到拦网队员的动向。如何扩大二传队员的视野是教学训练的一大难点。在传球过程中，要求二传队员保持清醒的头脑。在移动取位传球的过程中，二传队员要善于运用及合理分配自己的主光和余光来观察传球目标及扣、拦队员的动向。要培养和开阔二传的视野，提高二传队员的意识很关键。

（二）教学训练顺序

传球技术动作方法较多，动作细腻，教练在教学安排中应将此作为主要内容，让学习者重点学习和掌握。教学时，学习者先学习原地传球，再学习顺网二传和移动中的传球，最后学习各种战术传球。具体顺序是：正面双手传球→顺网二传高球→向 4 号位调整二传球→背传高球→ 2 号位调整球→侧传→双手跳传→单手跳传、挡托、顶、吊→处理网上球、网前球、人网球→传近体前快球→传小弧度短平快、直线短平快球→传平拉开球→传后排强攻球等。

（三）教学顺序步骤

1. 讲解与示范

（1）讲解：教练首先讲解传球技术在比赛中的作用，其次讲解传球技术的特点和动作要领。讲解内容的先后顺序一般是：脚的站法→下肢姿势→身体动作→手形→击球点→触球的部位→迎击球的动作用力方法等。

（2）示范：教练先做完整传球动作的示范，再做分解示范；也可以边讲解边示范，或重点示范传球的关键技术环节；也可结合正面示范、侧面示范进行教学。

2. 组织练习顺序

原地模仿练习→原地传球练习→移动传球练习→转方向传球练习→背传球练习→调整传球练习→跳传练习。

（四）练习方法

1. 徒手模仿练习

（1）原地模仿练习：学习者徒手做传球准备姿势，听教练的口令依次做蹬地、展体、伸臂等动作练习。重点体会传击球前的准备姿势、身体协调用力的动作和传击球的手形。

（2）原地传球模仿练习：重点让学习者体会触球手形、击球点位置和身体协调配合动作及传球用力的全过程。

（3）2 人一组，一人做好传球的手形，持球于脸前上方，另一人用手扶住球。持球者以传球动作向前上方伸展，体会身体和手臂的协调用力。要求另一人纠正持球者的手形及身体动作。

2. 原地传球练习

（1）每人一球，自己向前上方抛球；做好传球手形，在击球点位置将下落的球接住，然后自我检查手形。

（2）原地自传练习：要求学习者把球传向头的正上方，传球高度离手 1 ~ 1.5 米，连续传 30 次为一组。

（3）对墙自传练习：要求学习者距墙 50 厘米左右连续对墙自传球，体会正确的手形和手指、手腕用力的肌肉感觉。

3. 移动传球练习

（1）每人一球行进间自传球练习：要求学习者传球手形正确，移动迅速，保持正面传球。

（2）每人一球向左、右、前、后移动传球练习：要求学习者自传一次高球，再传一次低球，提高控制球的能力。

（3）2 人一组，一抛一传练习：要求抛球者向左、右、前、后抛球，传球者根据来球快速移动传球。

4. 背传球练习

（1）每人一球，自抛背传球练习：要求学习者将球抛到头上，两手腕后仰，掌心向上，依靠蹬地、展体、抬臂、伸肘等动作把球传向后上方。

（2）3人一组，背传球练习：3人各相距3米左右，两边人抛球或传球，中间人背传球。要求同上。

5. 调整传球练习

（1）2人一组相距6米在网前，用调整传球动作传高弧度球练习：要求学习者利用蹬腿、伸臂动作传球。

（2）移动调整传球练习：4号位队员传一般球至5号位，5号位队员传球到1号位，1号位队员将其调整到4号位。要求依次循环练习。

6. 跳传球练习

（1）每人一球，对墙连续跳传球练习：要求学习者掌握好起跳时机，在空中保持好身体平衡，靠快速伸臂动作将球传出。

（2）2人一组，连续面对面跳传球练习，要求同上。

（五）常犯错误及纠正方法

传球技术常犯错误与纠正方法见表4-4。

表 4–4　传球技术常犯错误与纠正方法[①]

技术	常犯错误	纠正方法
正面传球	1. 击球点过高、过低	1. 做各种步法移动后接传球，保持在前额接住球，提高判断能力、选位能力 2. 传固定球，体会正确的击球点 3. 自传或对墙练习
	2. 手形不正确，大拇指朝前，手不是半球状，手部触球部位不准确	1. 进一步示范、讲解 2. 自我进行抛接高球（1~2 米）练习，体会手吻合球动作 3. 对墙近距离连续传球，体会手指触球部位 4. 用小篮球、实心球等做抛接球练习
	3. 手指手腕弹击力差，有拍打动作	1. 做手指手腕的力量练习 2. 用足球、篮球做传球练习，增加指腕力量 3. 多做平传球练习、远传练习
移动传球	1. 取位不及时，对不准来球，人与球关系不合适 2. 控球能力较差，把握不准传球力量	1. 结合移动步伐练习，先从近距离开始，再逐渐加大难度、延长距离，反复做移动取位对准传球方向练习 2. 学会上体移动重心，上体能前后左右倾斜地传球 3. 多做平传练习，保持正面击球 4. 连续自传不同方向、不同高度的球，体会传球力量的控制，提高手控球能力
背传	1. 击球点不正确，过前或过后	1. 强调击球点宁前勿后，保持正面的击球点 2. 做自抛向后传球 3. 做弧度高低结合的自传球练习
	2. 用力不协调，不会后仰、展胸、翻腕、大拇指上挑	1. 移动对准球，保持在头上的击球点 2. 背传时强调蹬腿、展胸、抬臂、翻腕上挑动作 3. 在击球点较低的情况下练习背传
跳传	选择起跳点不准确，人与球的关系保持得不好	1. 多做原地起动和移动练习 2. 提前判断能力，选择合适的起跳点 3. 传不同距离和弧度的来球，保持良好的人与球的关系

（六）教学训练中应注意的问题

1. 传球采用完整教学法，首先要建立传球技术动作的完整概念。教练教学时，应先着重于手形、击球点和用力的准确与协调练习，然后逐

① 谭洁主编：《气排球运动教程》，湖南师范大学出版社 2017 年版，第 99 页。

步过渡到手指、手腕的弹击和控制球的能力练习上。

2. 教学中尽量采用触球次数多的练习，并在初学阶段就结合近距离移动的传球；以利于形成正确的击球点和手形，为学习者进一步学习难度较大的传球打下良好的基础。

3. 教学时自始至终要强调正确的手形、正确的击球点和协调用力 3 个环节。同时还要注意指出典型易犯的错误动作，以便于学习者在学习过程中进行正误对比。

4. 从心理学角度而言，初学者一般怕戳手，怕弧度高、力量大、速度快的来球。因此，要从解决手形入手，从易到难，循序渐进。多传近距离、低弧度和速度慢的球，避免学习者手指局部负担过重，减轻其心理压力。

五、扣球的教学与训练

（一）教学与训练难点

1. 难点之一

如何保持适宜的人球关系。这是扣好球的关键之一，其影响因素有助跑启动时机、起跳踏跳时机、步伐的调整等，需在教学中分别给予强调和重视。

2. 难点之二

手控球技术及上旋球手法。手控球能力只有通过大量的练习才能提高。正确的上旋球手法可提高手的控球能力，在教学中应注意强调手腕的放松与主动用力，手指与球的完全吻合和主动的包球压腕动作。

3. 难点之三

在最高点处伸直臂击准球。手击球的瞬间要求伸直手臂以保持较高的击球点。一般要求躯干与手臂的夹角在 160° 左右，既可以较好地发挥扣球力量，又可以保持较高击球点。

（二）教学训练顺序

正面扣球技术是其他扣球的基础，教学中，学习者应首先学习正面扣球技术，然后，在此基础上学习其他扣球技术和战术扣球。具体顺序为：2 号位、3 号位、4 号位扣一般高球→ 2 号位、3 号位、4 号位扣一般弧度球→ 3 号位近体快球→ 3 号位短平快球→调整扣球。扣球技术比较复杂，初学时较难掌握，所以教练在教学时宜采用先分解再完整的教学法。对助跑、起跳和扣球挥臂环节分别进行学习，待学习者掌握后，教练再用完整教学法解决各技术环节的衔接，以保证动作的连贯性和节奏性。

（三）教学训练步骤

1. 讲解与示范

（1）讲解：教练首先讲解扣球技术在气排球比赛中的作用、技术方法与动作要领。

讲解的要点：

①助跑：助跑的时机、步伐、速度、重心。

②起跳：起跳时机、方法，手臂同起跳的配合，踏跳的时机很重要。尤其要强调不同的扣球技术都有自己的起跳时机。

教练在助跑、起跳的讲解中要使学习者明确如何定方向、步调，调整最后一步的大小、快慢、踏跳时间，这是保持好人球关系的关键。

③空中挥臂击球动作：挥臂击球的发力方法、手臂发力的顺序、挥击轨迹、伸直臂在最高点击球。要注意的是不同的扣球技术有其特定的挥击动作方法，不能混淆。

④打上旋球手法：手腕在出球后必须有手腕的主动推压动作，使球呈上旋状态飞行。

（2）示范：教练首先做完整扣球技术的示范，让学习者建立完整、直观的动作概念，然后再做分解示范（可徒手，也可以结合球），关键环节可做慢动作示范，必要时也可边讲解边示范，重点突出动作要领。

教练示范扣球时，力量要适当，动作要轻松。要引导学习者观察技术动作的结构，挥臂动作的发力，击球的手法，球飞行的路线、弧度和旋转等。

2. 组织练习顺序

助跑起跳练习→挥臂击球练习→原地自抛自扣练习→助跑起跳扣抛球练习→4 号位完整扣传球练习。

（四）练习方法

1. 助跑起跳练习

（1）原地双脚起跳练习：全体学习者听教练口令练习原地起跳技术。此练习要求学习者双脚蹬地力猛快速，两手臂配合画弧摆动起跳，顺势扣球手臂上举、后引，抬头，展腹，身体呈反弓形，落地时由双脚前脚掌过渡到全脚着地，屈膝缓冲。

（2）一步或两步助跑起跳练习：集体听教练口令做一步或两步助跑起跳。要求：练习速度由慢到快，手脚配合协调，注意控制身体平衡。

（3）学习者分别站在进攻线后，听教练口令向网前做两步助跑起跳练习。在此基础上再学习多步助跑、变方向助跑和跑动起跳。要求学习者注意助跑起跳的节奏和起跳点位置的选择。

2. 扣球挥臂动作的击球方法和练习

（1）徒手模仿扣球挥臂练习：按规定的队形听教练口令做挥臂练习。

要求：挥臂放松自然，弧形挥动，有鞭甩动作。

（2）扣固定球练习：扣吊球；或两人一组，一人双手持球高举，另一人原地扣固定球；或自己左手举球，右手做挥臂击球练习。要求学习者击球时全掌包满，做快速鞭打动作。

（3）自抛自扣练习：每人一球，距墙 5 米左右，先抛一次扣一次，然后连续对墙扣反弹球，或两人面对面相距 6 ~ 7 米对扣，也可在低网上自抛自扣等。击球力量不宜过大，动作放松。手腕有推压鞭甩动作，使击出的球呈旋转飞行。

（4）扣抛球练习：两人或多人一组，一人站在距墙 5 米处抛球，另一人或多人依次对墙扣抛球。在低网前的一抛一扣练习，或在低网前轮流扣教练的抛球练习。要求：抛球距离有近有远，弧度由低到高，扣球者选好起跳点，保持好击球点，挥臂击球手法正确。

3. 完整扣球练习

（1）扣球练习：扣球者每人一球，先将球传给前排中队员，再由前排中队员把球抛或传给扣球人，扣球者上步助跑起跳扣球。要求学习者掌握好上步起跳的时机，在空中保持好人与球网的位置关系。

（2）结合一传的扣球练习：接对方发的轻球，垫给二传，然后二传把球传给扣球人，由扣球队员助跑起跳扣球。要求学习者以中等力量扣球，注意正确的挥臂击球手法，选好击球点，防止触网或过中线犯规。

（五）易犯错误与纠正方法

扣球技术常犯错误与纠正方法见表 4-5。

表 4–5　扣球技术常犯错误与纠正方法[①]

技术	常犯错误	纠正方法
正面扣球	1. 助跑起跳前冲，击球点保持不好	1. 进一步讲解，并多做助跑起跳练习 2. 做限制性练习，如设置障碍物起跳，地上画出起跳点与落点 3. 用助跑起跳做接高球或高压吊球练习，体会起跳至最高点手触球时间和保持人球位置
正面扣球	2. 上步时间早，起跳早	1. 以口令、信号限制起动起跳时间 2. 固定二传弧度练习扣球
	3. 挥击动作不正确，手臂挥击僵硬，肘关节下拖，鞭甩不充分	1. 甩垒球练习 2. 对墙练习伸直臂击球 3. 助跑起跳，将小球甩过有一定高度的网 4. 跳起放松做手臂鞭甩动作击固定球或击打树叶等
	4. 击球手法不正确，手未包满，击出的球不旋转	1. 击固定球，对墙平扣、打旋转 2. 低网原地扣球练习 3. 练习手腕推压、鞭甩动作
战术扣球	1. 第一板快攻上步慢，影响整个战术组织 2. 第二板扣球上步慢，节奏不当，不能在起跳最高点扣球	1. 强调扣各种不同球的上步时间和起跳时间 2. 看教练手势，练习突然起动、助跑，提高整个助跑起跳的速度
调整扣球	1. 撤位慢，助跑不外绕，影响选择起跳点	1. 多做快速撤位、快速上步的助跑起跳练习 2. 多做防守后再外绕助跑起跳扣球
	2. 人球关系保持不好，手控制球能力差	1. 做自抛自扣高球练习，保持好人与球的关系 2. 提高手腕推压技术，对墙、隔网扣平球练习

（六）教学训练中应注意的问题

1. 扣球技术是学习者最感兴趣的技术，学习积极性较高，但他们的

① 谭洁主编:《气排球运动教程》，湖南师范大学出版社 2017 年版，第 102 页。

注意力往往会集中在扣球效果上，而忽视了对正确扣球技术动作的掌握。在教学中，教练应注意引导学习者掌握正确的正面扣球技术动作，为其他扣球技术的学习打好基础。

2. 在扣球教学中，教练应重点抓好助跑起跳和正确的击球手法练习，解决好人与球的位置关系。初学时，学习者应加强分解动作练习，并适时地与完整动作练习相结合。对于扣球技术的重要环节，必须反复、系统地强化练习。

3. 在教学课中，扣球教材的安排，尤其是上网扣球，最好安排在传、垫球技术练习之后。因为在扣球练习时，学习者的积极性高，如安排在课的前段，对其他技术的学习有影响。

4. 初学者上网扣球时，应由教练或技术水平较好的学习者担任二传，以便使初学者掌握助跑起跳的时间和起跳点，尽快正确掌握扣球技术。

5. 为了方便教学，对扣球教学练习的总体要求：先徒手扣，后用球扣；先抛扣，后传扣；先轻扣，后重扣；先远网，后中网；先扣高球，后扣快球。

六、拦网技术教学与训练

（一）教学与训练难点

拦网技术动作由准备姿势、移动、起跳、空中击球和落地五个部分组成。要拦住不同的扣球，在拦网移动之前必须判断对方扣球的位置。

要根据二传队员传球的一些特点及扣球队员的起跳点来选择拦网起跳点，要根据对方扣球人的击球动作来判断拦网的起跳时间及伸臂时间，整个拦网技术动作全过程都贯穿着判断。

起跳时间是否适时是关系到能否及时起跳拦住对方扣球的关键。选择合适的起跳时间,不仅要根据自已的弹跳高度,还要对二传高度、距离、弧度、速度及扣球动作幅度大小、挥臂快慢等做出判断。

（二）教学训练顺序

拦网技术教学，应在学习者初步掌握正确扣球技术之后进行。其教学顺序应是先教单人拦网，再教双人和三人的集体拦网。拦网教学的重点是教单人拦网。

拦网教学应采取分解与完整相结合的教法，让学习者先学习拦网的手形和伸臂动作，再学习原地起跳的拦网动作，最后掌握完整的拦网技术。拦网移动步法应先学习并步法，再学习交叉步和跑步。

（三）教学训练步骤

1. 讲解与示范

（1）讲解：教练首先讲解拦网技术在排球比赛中的重要作用；然后讲解单人拦网技术的动作方法和要领，包括拦网手形、助跑、起跳、空中拦击、落地等；最后重点讲解拦网的判断和起跳时机。

（2）示范：拦网示范应该采用完整与分解相结合，徒手与拦网相结合，正面、侧面与背面示例相结合的方法进行教学。采取完整示例是让学习者建立完整的拦网技术概念。正面示范是让学习者观察拦网手形、手臂间距及起跳动作；侧面示范是让学习者观察拦网的身体完整的动作以及手臂与网的距离；背面示范是让学习者观察拦网的判断、移动、起跳时机及网上封堵的区域和路线等。

2. 组织练习顺序

拦网手形练习→移动起跳练习→结合球的完整拦网技术练习。

（四）教学练习方法

1. 拦网手型练习

（1）徒手模仿练习：原地徒手练习拦网手形，要求两脚平行站立，两臂上举伸直，两手间距约 20 厘米，十指自然张开。

（2）原地扣拦练习：两人一组，面对面相距 1 米左右站立，一人预先做好拦网手形，另一人对准拦网人双手自抛自扣。要求扣球者准确地把球扣在拦网人的双手上，让拦网的者体会拦网手形和拦网时的肌肉感觉。

（3）原地一扣一拦练习：两人一组，隔网站立，一人扣球，另一人拦网。要求扣球者把球扣在拦网者的双手上，拦网者要根据扣球人的抛球情况，及时伸臂拦网，体会触球的提肩压腕动作。

2. 移动起拦网练习

（1）网前原地起跳拦网练习：学习者集中听教练口令在网前做原地起跳拦网。要求起跳后保持好身体平衡，既要有伸臂过网的拦网动作，又不能触网或过中线犯规。

（2）左右移动一步起跳拦网练习：教练站在高台上持球于网上空，学习者依次在网前左右移动一步起跳拦网。要求学习者随教练举球位置的变化而左右移动，移动制动与起跳动作要连贯。

（3）隔网盯人移动拦网练习：两人一组隔网相对，其中一人主动向左、右移动起跳拦网，另一人盯住对方，并及时移动起跳在网上与对方击掌。要求平行网移动，防止触网，移动由快到慢，保持好人与网的合理位置关系。

3. 结合球的拦网练习

（1）一抛一拦练习：两人一组隔网站立，一人抛球，另一人起跳将球拦回。要求拦网人体会起跳时间和拦网动作。

（2）拦固定线路的扣球：教练指定学习者在高台上轻扣固定直线球和斜线球，让学习者依次轮流助跑起跳拦网。要求区别拦直线球和拦斜线球在取位和拦网手形上的异同。

4. 集体拦网练习

（1）原地起跳配合拦网练习：要求拦网人手臂上举伸直，间隔距离保持适当，以中间不漏球为宜。

（2）移动后配合拦网练习：两人一组，同时移动到中间位置起跳配合双人拦网一次，然后分别向两侧移动，要求配合队员主动与拦网队员配合，防止碰撞。

（3）结合各种进攻扣球的双人拦网练习：中间位置队员单人拦对方中间后排快攻一次，立即向前排右或前排左移动组成集体拦网，拦对方的后排强攻扣球。要求掌握好拦快球与高球强攻的起跳时间及不同的手形变化。

（五）常犯错误与纠正方法

拦网技术常犯错误与纠正方法见表 4-6。

表 4–6　拦网技术常犯错误与纠正方法①

技术	常犯错误	纠正方法
单人拦网	1. 起跳过早或过晚	1. 教练给予起跳信号，反复练习起跳时机 2. 深蹲慢跳或浅蹲快跳
	2. 拦网时两臂有向前扑打动作	1. 正误动作对比示范 2. 在网边反复做原地提肩压腕动作 3. 低网一扣一拦练习，强调收腹动作
	3. 闭眼拦网或两手臂之间距离过大造成漏球	1. 拦网时眼盯球，养成观察球的良好习惯 2. 示范两臂夹紧头部的动作或多做拦固定球的练习 3. 网前徒手移动起跳伸臂后不急于收臂，等落地时检查

① 谭洁主编:《气排球运动教程》，湖南师范大学出版社 2017 年版，第 105 页。

技术	常犯错误	纠正方法
集体拦网	互相踩脚或两人在空中相碰撞	1. 多练移动最后一步的制动动作 2. 多练两人移动后并拦的起跳配合

（六）教学训练中应注意的问题

1. 在拦网的教学中，应以学习单人技术为主，集体的拦网战术为辅。当学习者初步掌握了拦网技术后，应该增多结合扣球和防守反击的练习，使拦网、保护、防守及反攻扣球等技术互相串联和衔接。

2. 在教学中，必须抓好拦网的移动、起跳、伸臂、手形、拦击动作等环节的教学。在改进和提高阶段，则应该重视判断能力，突然起跳的能力，空中身体转动、倾斜的控制能力，拦网手法等基本功能的练习。这样才能提高拦网的实战效果。

3. 拦网教学不能安排过早或过于集中。过早安排拦网学习，不符合排球技术教学的规律；过于集中学习拦网，不利于提高拦网的能力，甚至会影响学习者练习的积极性。所以拦网教学应安排在正面扣球和垫球防守以及简单的进攻战术之后，每节课单一地练习拦网的时间也不宜过长。

4. 在拦网教学中，要逐渐提高难度，一般先学单人拦网，后学集体配合拦网。其次学拦固定路线的扣球，再学拦变化路线的扣球。同时，教练要强调拦网后的落地动作，以避免造成运动损伤。

第二节　气排球战术教学与训练

战术教学必须在学习者掌握了一定基本技术的基础上进行，使之学会攻、防战术的配合方法，在比赛中提高运用基本技术的能力，才能达到较熟练运用各种主要战术的目的。

一、个人战术教学与训练

（一）发球个人战术教学与训练

1. 三发三接

甲组发，乙组接，规定发球必须发场内。10 次之后，接发球的站位轮转一次。甲组发完 30 次以后与乙组交换。教练员做发球个人记录评选：将发球得分率减去失误率，高者为获胜方；接发球到位率减去失误率，高者为接发球胜的一方。

2. 两发两接

一组两人同时发球，一人发直线，一人发斜线；另一组两人，一个人接直线，一个人接斜线。只对发球做记录，发出场外或不过网的为失误，发到中路不计数。每组发、接球 10 次，最后计算总分。

3. 发球计分法

两人发两人接，只记录每个人的发球。发球直接得分记 5 分、对方破攻计 4 分、对方调整攻计 3 分、对方半到位球（网附近）计 2 分、对方到位（进攻线附近）计 1 分、发球失误计零分，累计每人的得分。20 次后大组互换，教练员记录得分。可采用每日计分或一周累积计分的方式进行计分，按积分高低进行奖励。周累积计分方式比较有系统性和连贯性，使队员每次发球都必须注意抓质量，有意识地去钻研发球技术，同时相应地可促进一传技术的提高。

4. 集体发球法

3 人一组，按比赛中轮次站位，规定每人必须发 3 个性能好的球，由教练员进行评定，一般球不计数，在完成 9 次性能好的球中，有一次失误则统统不算。此方式可锻炼队员实战中的心理承受能力，如对同伴发球失误的态度及自己应持的态度。教练员在练习中发现队员出现不正常的情绪时，应及时指出并予以帮助，但不能放松对队员的要求。

5. 准确性发球法

教练要求队员按自定的线和点，发 10 次和 20 次准确性很高的球，并要有一定的弧度、飘度等。同时，规定在一定发球次数中必须发多少次规定落点的球，超过限制次数则不算。

（二）一传个人战术教学与训练

1.2 人一组，教练员发球，两个队员一垫一调传。这种方法在场地不足、无球网时采用。每人按自己平时站位的距离假设到位的目标，每组练习 20 次交换，要求到位 15 次以上，由调整二传判断球是否到位。

2. 教练员采用远距离的高台发球以增大接球的难度，并有目的地针对每个队员的弱点进行练习。这种方式可结合场地、球网进行，3 人或 4 人一组，分直线、斜线（场地两边可同时进行），每组接同样数量的球，统计到位球的次数。也可根据主力和替补队员的不同水平，进行主力与主力比赛、替补与替补比赛，或让队员发垫对抗赛。

3. 接发球进攻练习：3 人一组，一人接发球，一人二传，一人扣球。10 次接发球中要求到位率为 70% 以上和扣球成功率为 60% 以上，如其中有任意一项达不到要求则需补课，补课内容可按本队需要提高的项目来决定，也可补扣球、拦网，一般不补一传为宜。转变一种项目可以使队员兴奋起来，从而达到一定的意外训练效果。

（三）二传个人技术教学与训练

1. 原地自传：要求把球传向头的正上方，高度为离手 1.5 ~ 2.0 米，连续进行 3 组，每组 20 次。

2. 对墙自传：距离墙 50 厘米左右，上、中、下连续传球 20 次，完成 3 组。

3. 2 人一组背传：一人抛球，一人背传，传 20 次，每人完成 3 组。

4. 3 人一组背传：三人直线站位，各相距 2 米。两边队员抛球或传球给中间队员连续转身背传球 10 次，各完成 3 组。

5. 4 人换位背传：1 号位两人，先由一人传球给 3 号位，3 号位背传给 2 号位，2 号位队员先将球传到 1 号位后，再跑到 1 号位，队员顺时针随球跑动，一组 20 次，完成 3 组。

6. 每人对墙或对网连续跳传球：掌握好起跳时机，空中保持平衡，10 次一组，完成 2 组。不能碰墙或触网。

7. 2 人一组跳传：连续做跳传练习，10 次一组，完成 2 组。

（四）扣球个人技术教学与训练

1. 加强前臂放松的练习。如用 20 秒或 10 秒，计算手腕快速甩动的次数；用绳鞭放松地做扣球动作抽打墙的侧面；对镜子做手挥臂扣球的练习；在水池中提臂后放松挥动等。肩、肘、腕关节的放松是加快前臂速率的前提。

2. 用小皮球对墙进行快速甩击。

3. 对墙自抛自扣。离墙 6 米，对墙加速挥击。加快前臂速率取决于挥臂的加速方式，采用加速方式的前臂扣球动作，有利于前臂速率的提高。

4. 对墙扣目标。在离地面 1 米高的墙上，画一直径为 50 厘米的圆圈；采用正确挥臂方法，自抛自扣，力争每扣必中。如果 10 次扣杀能中 6 次以上，说明手控球有一定能力。初练可能只集中 2 ～ 3 次，逐步提高到 5 ～ 6 次。开始不要用全力，但不能用推打。教练为了提高队员兴趣，可以采取比赛的方式。

5. 对墙连续扣反弹球。这种方法有提高手控制球的“球感”速效，但注意会产生击球点降低的情况，要求队员在练习中保持在头部上方的高度，用前臂抽打好每一次击球，不能用上臂拖肘压球。

6. 站立扣低球。结合网练习，有利于正确动作的形成。要求队员挥臂时要高点击准、打满，打出平冲长线的上旋球，弧形过网，这是训练控制球的一种重要方法。

7. 对墙隔绳自抛自扣。绳子安放在站位前，比右臂指尖高度低一个球的位置。对墙自抛自扣时，上体要放松，肩部充分上提。甩出时用良好的挥臂加速方法，向平前上方击球。队员练习时既要注意伸直臂在最高点击球，又要注意扣杀时前臂的爆发力。

8. 对墙隔绳扣球。方法同 7，但是由他人抛球，这样能充分做好摆臂和挥臂的动作，力争在最高点扣杀。

9. 高网练习。在标准网的上方两个球的位置，拉一根与网平行的长绳，要求队员助跑起跳后在最高点击球，越过横绳做超手扣球，此法可以提高击球点。

10. 提高腾空后快速挥臂动作的练习。原地或一步助跑起跳后在空中做挥臂击球动作，尤其是女队员，空中动作更容易变形，所以应强化在身体腾空情况下的快速挥臂练习。此法可帮助队员建立良好的空中感觉，且膝关节不易受伤。

（五）拦网个人战术教学与训练

1. 队员分别相对站在球网两边，原地用直臂、夹肩、小弧度摆臂等动作向上连续拦网跳，10 次一组，完成 3 组。

2. 同 1，网前左、右并步起跳拦网，各 5 次一组，完成 3 组。

3. 从 2 号位开始做交叉步或并步拦网跳到 4 号位，又从 4 号位跳回 2 号位，5 次一组，完成 3 组。

4. 2 人一组，在网前面对面站立，一名队员做直线、斜线、打手出界动作，另一名队员做拦网跳，10 次一组，完成 3 组。

5. 3 名队员分别站在网前 2 号位、3 号位、4 号位，教练员在网对面连续比画数字手势，对应号位队员两人配合拦网跳，10 次一组，完成 3 组。

6. 队员按比赛位置站在球场两边，教练员在场外抛球组织进攻。一方进攻，对方拦网。每轮 5 次，统计 5 轮拦死、拦起的次数。

（六）防守个人战术教学与训练

1. 快速变点。训练队员反应、判断和快速移动。教练员向防守队员扔出左、右、高、低不同的球，要求队员快速跑动，并以每球必争的精神去完成每一个动作，以提高队员的救球能力，以及各种脚步变换、重心转移及补位能力等。防守个人战术练习要由易到难，可用抛球、扔球与扣球、吊球的方式逐步扩大救球范围和增加防守难度。

2. 虚晃多变。训练队员重心改变后再启动的防守能力，扩大控制球的面积。特别对移动差的队员，则要求在快速移动中，连续接身体两侧的低部位来球。

3. 一高一低扣防。训练队员重心升降、腰腹折叠速度及快速下蹲和突起的能力。高部位来球可用各种挡球、扒球动作。低部位来球则要求队员身体重心快速下降、塌腰托球或脚垫球。动作完成要快，一高一低快速连续地进行练习。

4. 大数量防接球。训练队员移动耐久、意志品质和克服困难的精神以及提高“球感”的能力。

二、集体战术教学与训练

（一）进攻战术教学与训练

1. 教学难点

对于初学者来说，教学难点集中在各进攻战术的站位、转位和位置交换上。因此，教练的教学重点应集中在一些简单打法上，比如，对强攻、快攻等进行专门性练习，以利于队员迅速熟悉自己的位置和职责。对于有一定基础的队员来说，进攻战术的教学难点是强攻、快攻、立体进攻的有机结合。在这一阶段，队员已经熟悉自己的位置和职责，而如何根据对方的情况打出不同的战术球就成为教学的关键。

2. 教学顺序

首先学习“中二传”进攻战术，其次学习“边二传”进攻战术，最后学习“插二传”进攻战术。在学习这三种进攻战术的同时，应结合学习相应的进攻配合，再逐步练习各种难度较大的进攻打法和复杂的战术配合。

3. 教学步骤

（1）讲解与示范

①讲解：教练首先讲解进攻战术的名称及其特点，基本阵型及打法，不同位置的站位分工及职责。

②示范：采用沙盘、挂图或请 5 名队员现场实际演示等方法，让队员对进攻阵型建立直观的概念，然后在半场上按进攻战术的要求，进行不结合球的模仿站位与跑动路线练习，让队员初步体会和明确各位置的分工与配合方法。

（2）组织练习顺序

徒手模仿进攻战术站位练习→结合球在简单条件下练习→结合球在复杂条件下练习→比赛条件下巩固提高练习。

4. 练习方法

（1）“中二传”进攻战术的练习方法

①徒手模仿“中二传”进攻战术站位练习

教练让队员站在自己的半场上按“中二传”进攻阵型站位，然后进行不结合球的模仿跑动和轮转练习，了解各位置的分工与配合方法。

②结合球在简单条件下的练习

练习一：教练在发球区向 3 号位抛、传球，3 号位二传队员将球交替传给 4 号位、2 号位队员扣球，扣球后相互交换位置（图 4-1）。

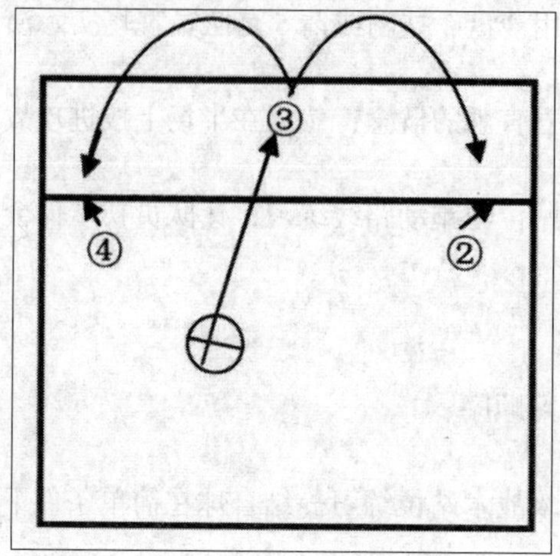

图 4-1　结合球在简单条件下练习一

练习二：场上 5 名队员按"中二传"接发球阵型站位，教练从对区抛球，队员接发球练习"中二传"进攻战术（图 4-2）。

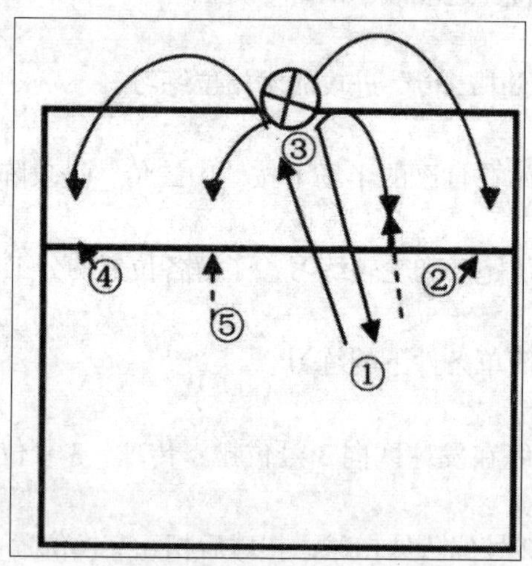

图 4-2　结合球在简单条件下练习二

练习三：场上 5 名队员按"中一二二"或"中一三一"接发球阵型站位，接教练从发球区发来的抛球或下手、上手发球组织"中二传"进攻战术（图 4-3）。

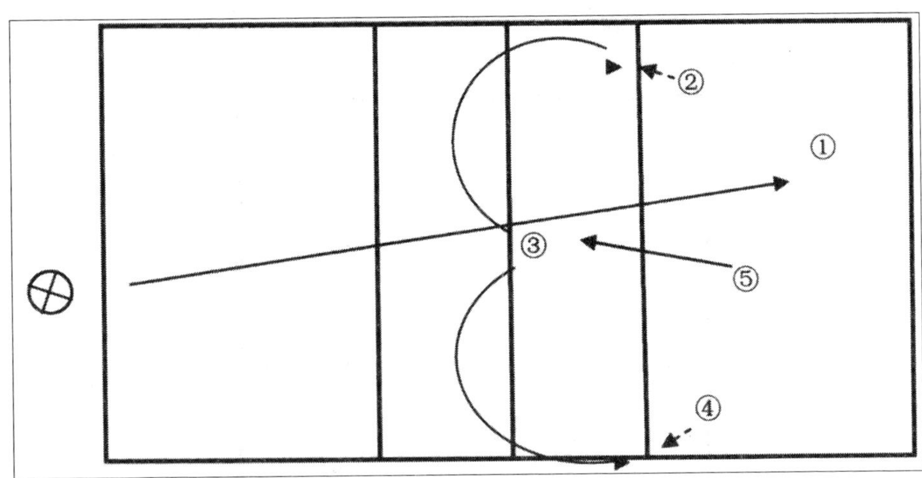

图 4–3 结合球在简单条件下练习三

③结合球在复杂条件下的练习

练习一：场上5名队员按“中一三一”或“中一二二”接发球阵型站位，接教练从发球区发来的上手球。队员接发球组织“中二传”进攻战术，但在进攻队员扣球时，要求附近队员跟进保护，以提高队员的保护意识（图 4-4）。

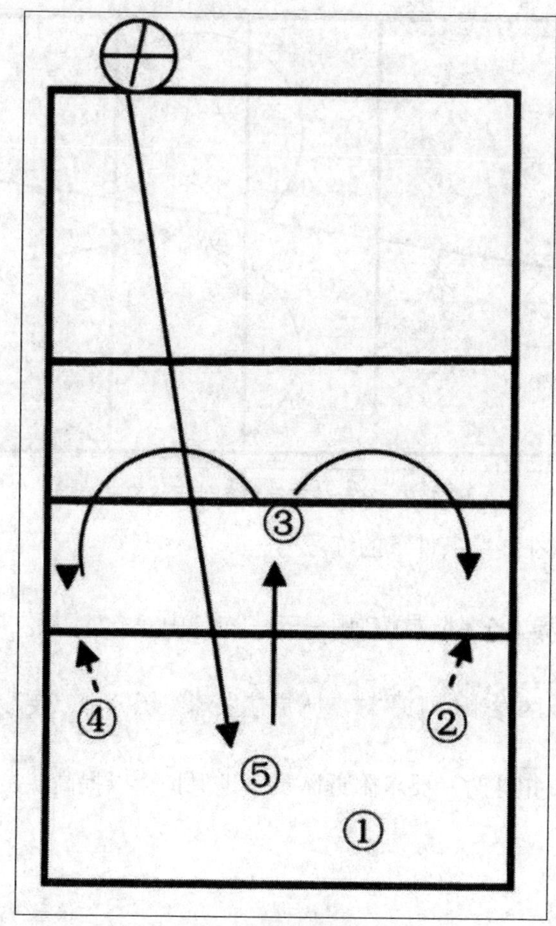

图 4–4 结合球在复杂条件下练习一

练习二：方法同上。发球一方可增加 1 名或 2 名拦网队员，给进攻一方增加网上的难度（图 4-5）。

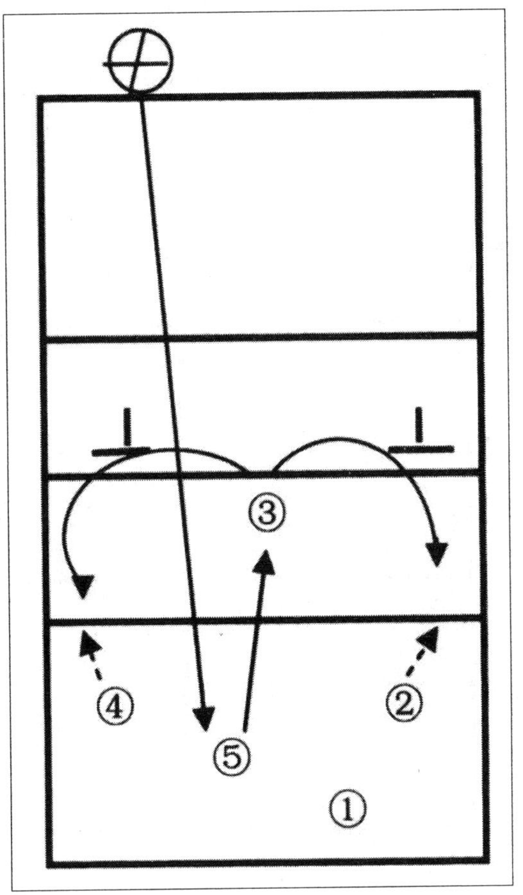

图 4–5　结合球在复杂条件下练习二

练习三：方法同上。但在接发球后，全队立即转入接拦回球进攻的练习（图 4-6）。

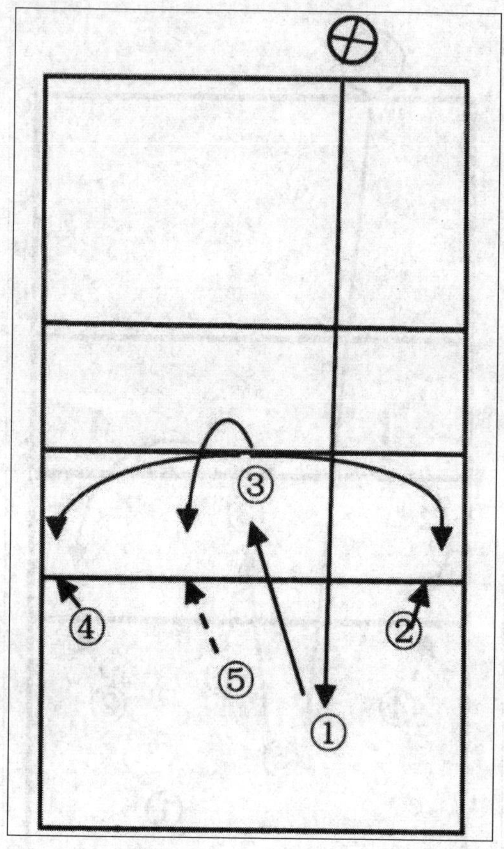

图 4–6　结合球在复杂条件下练习三

④比赛条件下巩固提高练习

练习一：4 对 4 的接发球组织“中二传”进攻与防反练习。要求两边发球区有专人发球，甲方发球，乙方接发球组织进攻，甲方防守反击。反之，乙方发球，甲方进攻，乙方防守（图 4-7）。

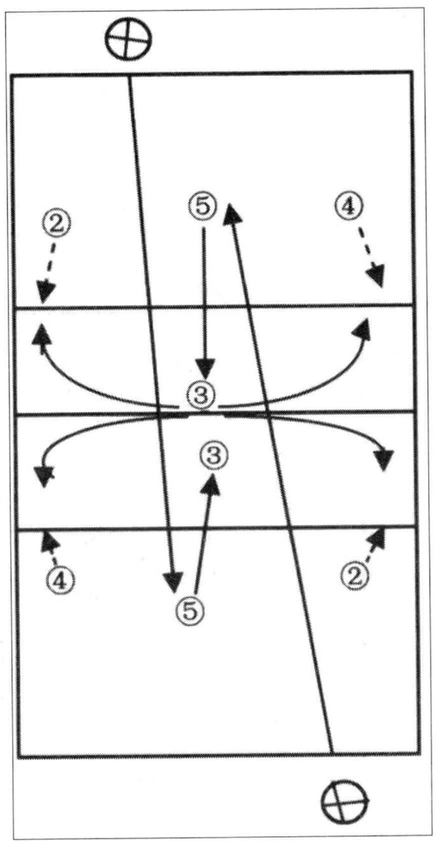

图 4–7　比赛条件下巩固提高练习一

练习二：5 对 5 教学比赛，进行攻防对抗练习。教练在场外抛球给场上任一方队员，然后双方进行“中二传”进攻和防反练习（图 4-8）。

练习三：方法同上。但防反一方可增加单人拦网，来增加进攻方的难度。

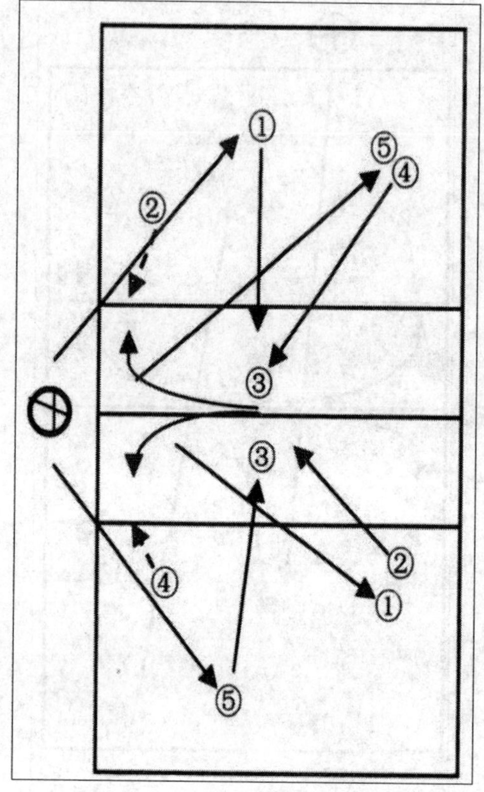

图 4-8　比赛条件下巩固提高练习二

（2）“边二传”进攻战术的练习方法

①徒手模仿“边二传”进攻战术站位练习

教练让队员站在自己半场上按“边二传”进攻阵型站位，然后进行徒手的模仿跑动和轮转位置练习，熟悉“边二传”进攻战术各位置的跑动线路、分工及配合方法。

②结合球在简单条件下的练习

练习一：教练在 1 号位将球抛向 2 号位、3 号位之间二传的位置，2 号位、3 号位之间的二传队员把球传给 4 号位或 3 号位，分别由 4 号位或 3 号位的队员轮流扣 4 号位的一般高球和 3 号位的半快球练习，进攻后交换位置（图 4-9）。

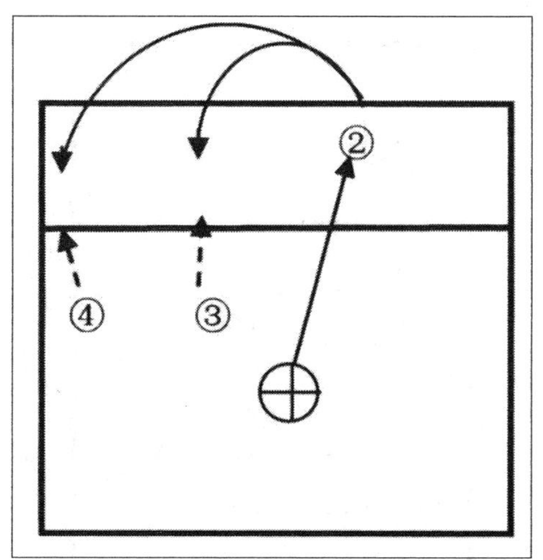

图 4–9　结合球在简单条件下的练习一

练习二：学习者分别站在 4 号位、3 号位准备扣球，由 3 号位队员将球传给 2 号位的二传队员，二传队员将球传给 4 号位或 3 号位的进攻队员扣球（图 4-10）。

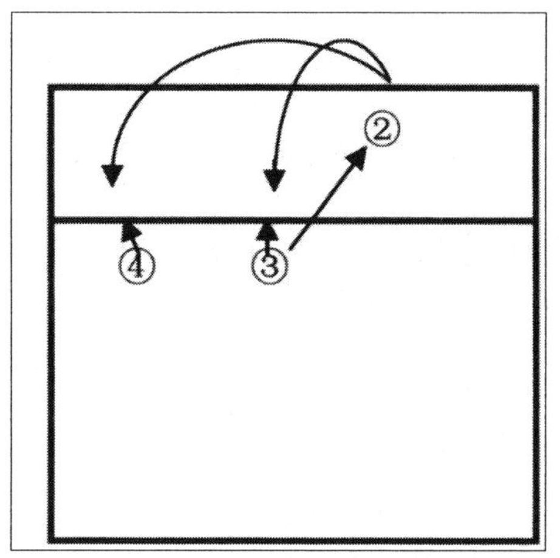

图 4–10　结合球在简单条件下的练习二

练习三：学习者分别站在 4 号位、3 号位准备扣球，接教练从发球区或对方场区发来的抛球或轻发球组织“边二传”进攻战术（图 4-11）。

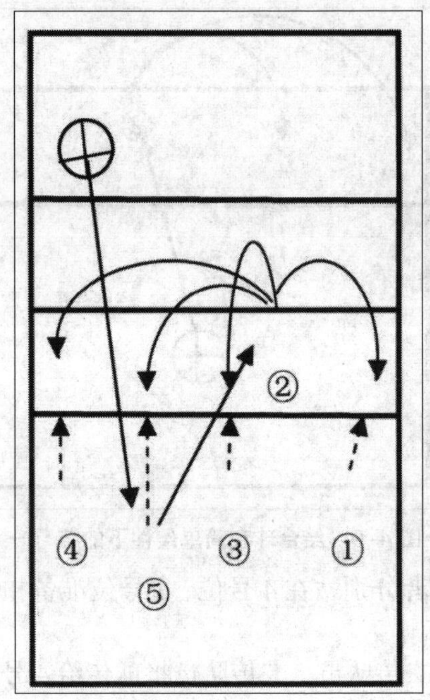

图 4–11　结合球在简单条件下的练习三

③结合球在复杂条件下的练习

练习一：场上 5 名队员按“边一三一”接发球阵型站位，接起教练从发球区发来的上手球组织“边二传”进攻。

练习二: 方法同上。发球一方可增加拦网，给进攻方增加网上难度（图 4-12）。

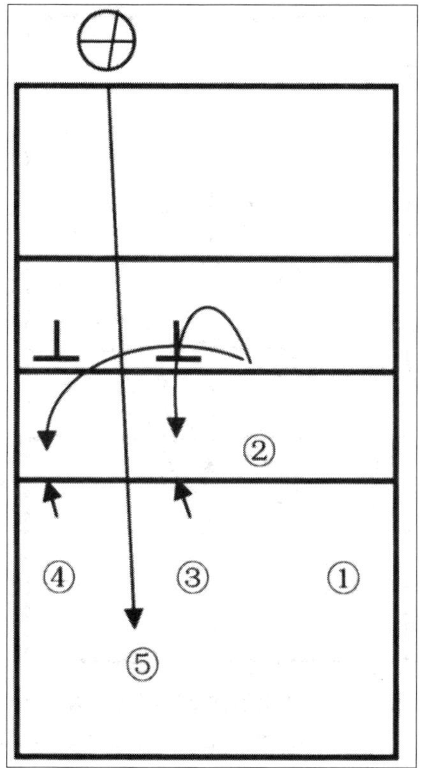

图 4–12　结合球在复杂条件下的练习

练习三：方法同上。接发球“边二传”进攻后，立即进入接拦回球反攻练习。

④比赛条件下巩固提高练习

练习一：3 对 3 组织“边二传”进攻与防反练习（图 4-13）。

练习二：5 对 5 进行“边二传”攻防对抗教学比赛练习。教练在场外随时向场内任一方抛球，然后双方进行攻防对抗练习（图 4-14）。

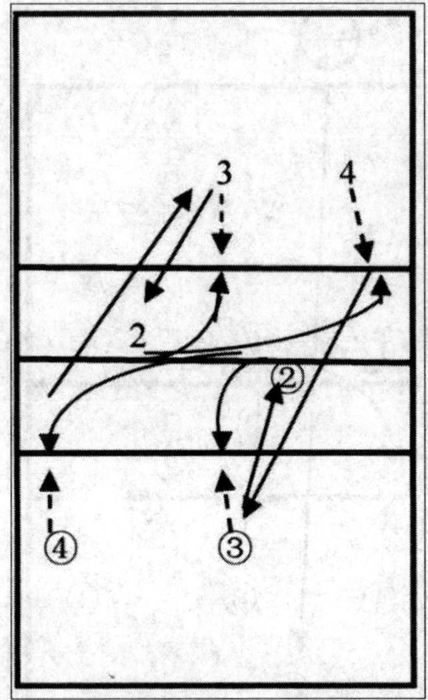

图 4-13　比赛条件下巩固提高练习一

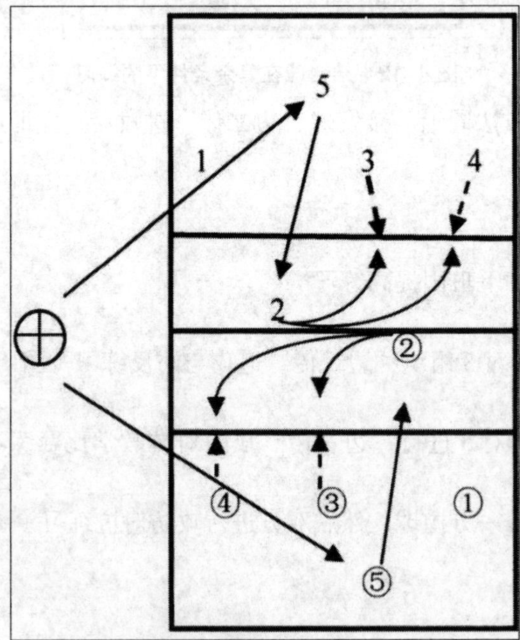

图 4-14　比赛条件下巩固提高练习二

练习三：方法同上。教练连续向一方发 10 次球后，再换向另一方连续发 10 次。教练每次发球后，队员要转动一次位置。通过 5 对 5 的对抗攻防练习，来提高战术的运用能力。

（二）防守战术教学与训练

防守战术主要包括接发球防守、接扣球防守、接拦回球防守和接传垫球防守。

1. 教学难点

对于初学者来说，防守战术的教学与训练难点是让初学者根据本方拦网队员的情况正确地落位。一般来说，初学者多采用双人拦网，此时，一名队员要防对方吊球，另外 3 名队员每人卡住一条线防扣球。对于有一定训练基础的队员来说，防守战术的教学与训练难点是让其综合对方扣球和本方拦网情况，正确地落位和及时地补位。

2. 教学顺序

（1）接发球防守：五人制先学习“中一三一”和“中二二”接发球的全队防守，然后学习“边一三一”和“边一二二”接发球的全队防守。四人制先学习“中一三”，然后学习“中二二”。

（2）接扣球防守：先学习单人拦网下的防守战术，再学习双人拦网下的防守战术，最后学习 3 人拦网下的防守战术。

（3）接拦回球防守：依次学习 4 人、3 人、2 人的接拦回球防守战术。

（4）接传垫球防守：根据对方采用传垫球时的情况和时机，依次学习 4 人、3 人等接传垫球防守战术。

3. 教学步骤

（1）讲解与示范

①讲解：教练首先讲解防守战术的名称、特点，防守的基本阵型及跟进方法，队员的职责及相互间的配合，防守与反攻的衔接等。

②示范：运用挂图、沙盘或请 5 名队员现场实际演示等方法，使队员了解防守阵型的组成，每个防守位置的职责和防守队员之间的配合方法等。

（2）组织练习顺序

徒手模仿站位→无对抗条件下的练习→简单对抗条件下的练习→较激烈对抗条件下的练习→比赛条件下的练习。

4. 练习方法

（1）接发球防守练习方法

①徒手模仿站位练习：让 5 名队员在半场上按防守位置徒手站位，然后依次轮转 5 轮。练习时可以随时让队员说出自己的位置。

②结合球的练习：让 5 名队员在半场上按防守位置站位，教练在另

一侧发球，队员接发球并根据分工组织进攻。队员成功组织进攻 3 次后轮转一个位置，教练继续发球，队员继续练习。需要注意的是，为了有效地练习队员的防守站位，教练发球宜简单。

（2）接扣球防守练习方法

①徒手模仿站位练习：让 5 名队员在半场上按防守位置徒手站位，然后依次轮转 5 轮，使队员明确每一轮、每一个位置的分工和职责，能够根据对方和本方的情况进行合理的取位。

②不拦网下的防守练习：教练隔网站在高台上扣球或吊球，队员在无人拦网的情况下进行防守和反攻练习。

③结合拦网的防守练习：教练隔网站在高台上扣球或吊球，队员单人或双人拦网。教练有意识地把球扣（吊）给 1 号位、2 号位、4 号位、5 号位的队员，让他们防守后组织进攻。

（3）接拦回球防守练习方法

①徒手模仿站位练习：让 5 名队员在半场上根据对方和本方的情况进行跟进落位练习。需要明确的是，所有参与进攻战术的队员都应该积极地选取位置接拦回球。

②结合球的练习：队员组织各种徒手的进攻战术，教练拿球轮流在 4 号位、3 号位和 2 号位隔网站在高台上模拟拦回球喂球，队员跟进保

护并组织一次有球的进攻。

（4）接传垫球防守练习方法

①对方无进攻时的站位练习：当对方一传将球垫飞，跟进保护队员将球调整到中、后场附近，第三次无法组织进攻时，队员应练习快速后撤和换位，可以采用5人防守，尽量组织多点进攻战术。

②对方垫球过网时的站位练习：当对方传垫球直接过网时，前排队员已经来不及后撤，则由后排队员组织防守，此时可以练习二次球进攻或组织多点快攻。

③对方有意识地传垫球过网时的站位练习：当对方一传或二传击球，并有意识地突然传垫球过网时，本方应在接扣球防守阵形的基础上，积极补位防吊。在这种情况下，应充分发挥4号位或3号位队员快攻战术配合的作用。且要求队员注意力集中，随时准备防守对方的传垫吊球。

（三）攻防转换战术教学与训练

1. 教学难点

攻防转换战术的核心是让队员在进攻和防守之间有效地串联和组织。因此，队员跑动路线和节奏的控制是教学与训练的重点，也是难点。教练要努力通过喂球来控制队员的攻防转换节奏，以调整队员的跑动路线。

2. 教学顺序

首先学习接对方推攻球的防守及组织进攻，其次学习接发球防守及组织进攻，并在此基础上学习接扣球防守及组织进攻，最后学习接拦回球防守及组织进攻。

3. 教学步骤

（1）讲解与示范

①讲解：教练先讲解攻防转换战术是气排球四攻系统的综合运用，攻防转换能力是体现一个队整体水平高低的重要标志之一；再讲解攻防转换的节奏掌握，攻防衔接的熟练程度等。

②示范：运用沙盘或看录像等直观教具及队员现场演示的方法，让队员了解攻防转换的节奏、时机，及全队的串联配合等。

（2）组织练习顺序

先局部后整体，由简到繁、由易到难地进行。如拦网练习时，先练习拦斜线，后练习拦直线；反攻扣球时，先练习扣斜线球，后练习扣直线球。

4. 练习方法

（1）调整传球和反攻练习方法

教练隔网站在高台上扣球，后排 2 名队员（或后排 2 名队员加前排

2号位或4号位队员）进行各种线路的防守、调整传球和反攻练习（图4-15）。

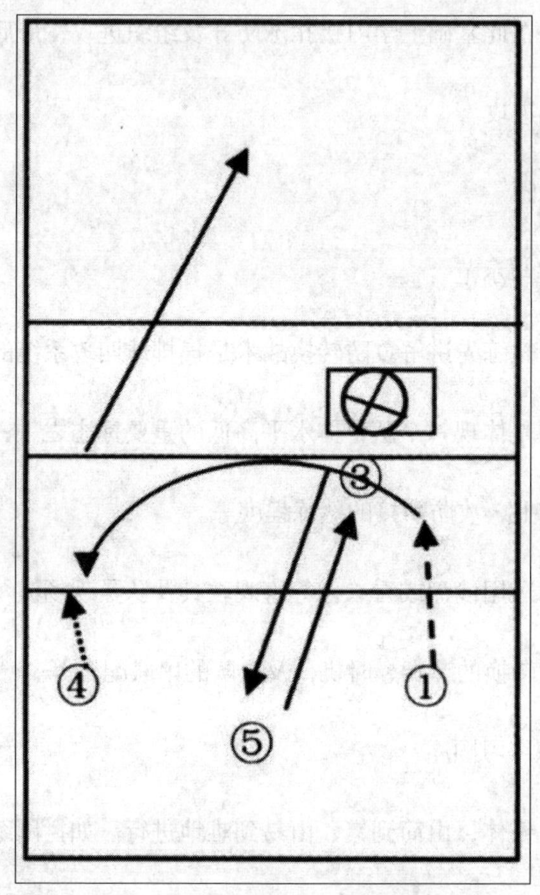

图 4–15　调整传球和反攻练习

（2）人盯人拦网练习方法

教练在后场抛球给二传队员，扣球队员在4号位、5号位、2号位跑动扣球，对方2号位、3号位、4号位队员人盯人拦网，后排队员进行防守反击（图4-16）。

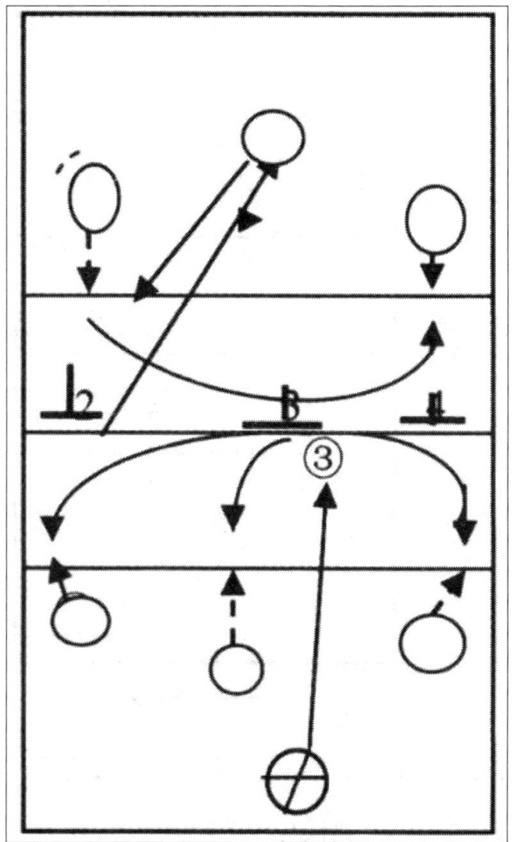

图 4-16 人盯人拦网练习

（3）6 对 6 攻防转换练习方法

教练在场外抛球，一方接发球组织一攻，另一方拦网防守后组织反攻。成死球后，教练立即抛球继续进行攻防转换练习（图 4-17）。

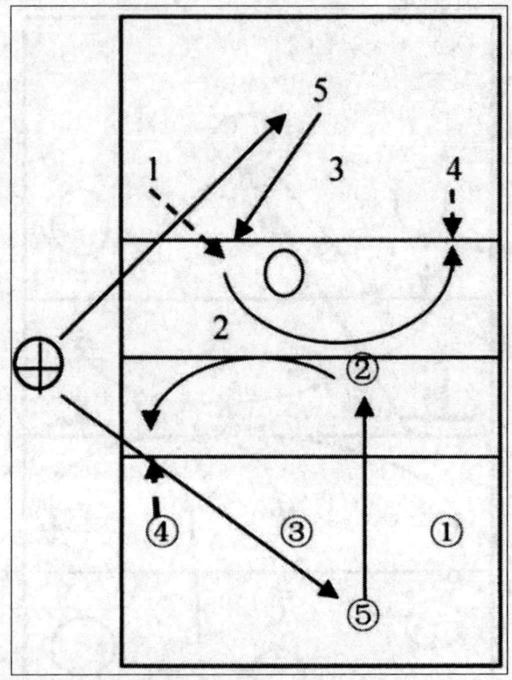

图 4–17　6 对 6 攻防转换练习

（四）战术教学与训练中常犯错误与纠正方法

战术教学与训练中常犯错误与纠正方法见表 4-7。

表 4–7　战术教学与训练中常犯错误与纠正方法[①]

<table>
<tr><th>技术</th><th>常犯错误</th><th>纠正方法</th></tr>
<tr><td rowspan="2">接发球</td><td>1. 接发球站位概念不清晰</td><td>1. 讲清概念，反复看战术演示板
2. 反复让学习者轮转站位练习</td></tr>
<tr><td>2. 前后排队员站位错误</td><td>1. 讲清位置错误的概念
2. 多做 5 人、4 人接发球站位轮换练习</td></tr>
<tr><td rowspan="2">换位、攻防、保护</td><td>1. 换位、攻防转换不及时</td><td>1. 要结合视觉信号多做换位练习
2. 多做进攻、防守后的各种转换练习</td></tr>
<tr><td>2. 跟进保护不及时</td><td>1. 反复强调跟进保护的重要性
2. 多做进攻、拦网配合下的跟进保护练习
3. 隔网多做 5 对 5、4 对 4、3 对 3 的攻防转换跟进保护练习</td></tr>
</table>

① 谭洁主编:《气排球运动教程》, 湖南师范大学出版社 2017 年版, 第 117 页。

三、气排球战术教学与训练中应注意的问题

（一）战术教学与练习必须在掌握一定技术的基础上才能进行

技术是战术的基础，教练应先教技术，后教战术配合。随着队员各项技术水平的提高和熟练，逐步学习较复杂的战术配合。同时，通过战术配合的教学，反过来带动技术的提高。

（二）战术实质就是技术的运用

队员在练习技术时，要贯穿着对战术意识的培养。在掌握了一定的技术后，将这些技术有机地串联起来，这就是战术配合。只有提高了个人战术意识，才能更好地发挥集体战术的配合。

（三）进攻与反攻相结合

教练在进行战术教学时，让队员先练进攻，后练防守反攻，要把进攻与反攻结合起来才能互相促进。

（四）选好二传手

教练在战术教学前，教练要注意选好二传手，然后确定阵容，根据队员的技术特点，来确定全队进攻与防反的打法，并逐步增加本队的战术内容。

（五）要由易到难

战术教学必须按由简到繁、由易到难、由分解到完整、分练与合练相结合的步骤来进行。对初学者进行战术教学时，应在其掌握发球、垫球等技术之后再进行。开始学习以“中二传”进攻战术为基础，同时掌握单人拦网下的防守战术，在此基础上学习“边二传”进攻战术及1号位队员“插二传”进攻战术，然后学习双人拦网下的“心跟进”“边跟进”防守战术。

（六）以练为战

在战术教学进行一定时间后，要多比赛，通过比赛来运用战术，检验战术的实效，并改进和提高战术质量。

第五章　气排球课程教学方法现状与创新路径研究

第一节　气排球课程教学方法基本理论解析

一、认识与了解气排球教学方法的三大注意事项

气排球运动本身所具备的体育本质，令气排球教学中所使用的教学方法不仅能够充分体现出体育教学方法的基本内涵，还能够充分体现出体育教学的师生互动特点。因此，为了能够从更深的层面来对气排球的教学方法进行了解，我们一定要重点注意以下三点：

（一）教学方法和教学目标之间是不可割裂的

在气排球教学的实际过程中，教学方法和教学目标之间存在密切且不可割裂的联系。一方面，教学方法的选择需要教学目标的指导。倘若整个教学偏离了最初的教学目标，那么教学方法就自然而然地丧失了其存在的意义。另一方面，教学目标或者教学任务的实现离不开科学教学方法的保障。由此可知，气排球的教学方法作为气排球教学的重要组成

部分，同时服务于气排球教学目标及气排球教学任务。这一点则更进一步说明了气排球教学方法与气排球教学目标二者之间存在无法割裂的关系。倘若将二者强行地进行割裂，那么可能会造成如下状况：一方面，脱离了教学目标的气排球教学方法会丧失方向，陷入盲目教学的困境。另一方面，脱离了教学方法的气排球教学目标会丧失实用性，空有目标而无法在实践教学过程中得以实现。

（二）气排球教学方法中的“教”“学”统一

在体育教学中，教学活动主体被分为两部分——教练与学习者，而教学活动也被分为两部分——教练的“教”与学习者的“学”。这些在气排球教学之中同样适用。因为气排球运动是一项竞技性、灵活性及随机性较强的运动项目，所以在整个气排球教学中，教练与学习者之间所存在的“教”“学”互动也会变得更加明显。因此，要想充分地体现出“教”与“学”的统一，只有师生之间进行有效的双边互动，才能将气排球教学方法所具有的真实效果充分地发挥出来。

将体育教学方法与其他文化类科目之中所使用的教学方法进行对比，可以发现它们之间存在一处十分明显的差异。这处差异便是体育教学方法不仅需要注重教练的教学语言，还需要注重教练的肢体语言。以气排球教学为例，在整个气排球教学的过程中，学习者要想熟练掌握各种各样的气排球技术动作，既离不开教练的详细示范，也离不开教练的动作讲解。换言之，学习者只有不间断地对所学技能进行重复的练习，才能熟练地掌握教练所传授的气排球技术动作。由此可知，气排球教学中所使用的教学方法便是师生动作和行为的总和。

（三）气排球教学方法的功能具有多样性

现代体育教学的核心目标便是实现学习者的身心健康发展，促使学习者得到全面发展。以气排球为例，气排球教学的核心目标是在健康理念的指导下，帮助学习者熟练掌握各项气排球运动技能，以提高学习者的各项身体素质，帮助学习者养成定期、自觉进行气排球运动的习惯及树立终身体育意识等。因此，我们可知气排球教学方法的功能具有多样性。对此，在开展气排球教学时，气排球教练应当紧紧围绕素质教育，大胆采用现代体育教育方法，以此促使学习者实现全面发展。除此之外，气排球教练还应该在意识上深刻认识到气排球教学方法功能的多样性。这不仅能够增强学习者自身的气排球运动能力，还能够提升学习者自身的思想政治及心理素质等方面的发展水平，为学习者的全面发展提供一定的助力。

二、气排球教学方法的分类

在整个体育教学的过程中，存在各种各样的教学方法。若是对这些教学方法进行分类，不仅能够帮助整个教学方法体系进行完善，还能够对体育教练在教学中如何选用合适的教学方法进行指导。同时，将气排球教学方法分类的方式与体育教学方法分类的方式进行对比，可以发现二者其实是相同的，都分为教法类和学练法类两个基本大类。

（一）教法类

1. 知识技能教法

（1）基本知识的教法

基本知识的教法是针对专项体育教学项目本身所具有的理论知识进行教学所采用的教学方法，其理论知识主要包括体育保健类知识和相关理论知识等。将体育教学的基本知识教学所使用的教学方法与其他学科所使用的教学方法进行对比，可以发现二者之间存在一定的相似之处，因此，在对该类的教学方法进行分门别类时便存在一定的难度。以气排球教学为例，气排球的基本知识教法可分为一般性体育理论知识、气排球教学的理论知识与气排球的实践活动。

因此，教练在进行气排球教学时，应着重考虑，将所选择的教学方法运用到实际教学情境中能否充分发挥出教学的多功能作用，并在实用性原则、可操作性原则的指导下，将一般性体育理论知识、气排球运动教学的理论知识与气排球运动活动进行结合。

（2）运动技能的教法

运动技能的教学方法主要是针对体育运动技能的教学而使用的具体方法。同时，这也是体育教学方法区别于其他文化类学科教学方法的关键之处。

对于学校中所开展的气排球课程来说，教练在选择与运用教学方法进行教学时，核心任务便是清楚地认识教学目标。因此，教练在进行气排球教学时，首先要做到的便是清楚地认识到这节课的目的是什么，是让学习者掌握气排球运动的动作技能，还是出于其他目的。其次，教练需要对气排球教学的具体内容进行详细分析，分清楚在教学中应该使用何种教学方法才能确保教学任务可以高质量地完成。当气排球的教学目标与教学内容不相符的时候，教学活动的具体形式也会发生一定的改变。基于此，教练所实施的教学方法应当着重与教学过程紧密结合。只有选择出最为合适的教学方法及教学策略，才能够充分发挥出教学方法的优势。

2. 思想教育法

思想教育法，指的是在教学过程中对学习者进行思想品德教育及美育的一种教学方法，同时，这也是气排球教学除了教授气排球技术动作之外的另一项重要任务。具体来说，气排球教学不仅可以使学习者在日复一日的艰苦训练中磨炼心志，还可以促使其具有更强的社会适应能力、抗挫折能力等。在展开思想品德教育时，气排球教练应注意根据气排球教学的特点，选用合适的教学方法，从而保证整个教学能够获得良好的教学成果，达到对学习者进行思想品德教育的核心目的。

（二）学练法类

1. 学法类

学法类，是指在教学过程中指导学习者如何进行学习的一种教学方法。学法类的教学方法在整个体育教学的过程中，不仅需要培养学习者熟练掌握相应的基础知识和运动技能，还需要培养学习者对学习的一种愿学、会学的态度，从而使学习者可以将其运用到未来的工作及生活之中，逐渐养成体育锻炼的习惯。

在气排球的教学实践过程中，教练所选择和使用的教学方法应当具备能够对学习者进行科学指导及学习各项气排球运动技能的能力。一方面，教练需要保证学习者能够在掌握先辈所流传下来的相关知识与相关经验的基础之上来提升自身气排球运动的能力。另一方面，学习者需要做到将所学习到的相关知识、技能和自身的个性特点相结合，进而形成独具特色的运动风格和战术，将践行终身体育这一理念进行到底。

2. 练法类

练法类除了是针对提升学习者运动技能所开展的一种体育训练方法外，还是实现体育教学目的的一种重要方法及重要途径。由此可知，任何一种属于练法类的教学方法对学习者身体素质及运动技能的提升，均具有十分明显的作用及效果。

因此，在气排球教学的训练实践中，教练要做到将内容与不同的教学目标、学习者特点、训练条件等相结合，选择合适的训练方法，以不断地提升学习者的气排球运动能力及心理素质水平。

三、气排球教学方法的特征

（一）多感官参与

体育教学活动本身便是由感知、思维、练习三者组合而成的。因此，教练在进行体育教学活动时需要充分地调动身体的多种感官。只有这样，才能保证学习者可以顺利地掌握课堂教学的每一个动作。也正是因为体育教学活动本身具有多器官感知的特殊性，所以便重点强调了体育教学中所有的参与者都要将自身的各个器官充分地调动起来。

教练充分调动学习者的多种感官参与教学过程中的主要表现为：教练对学习者所学内容进行展示，指导学习者对课堂内容展开练习并对不规范的动作进行纠错。教练在气排球教学过程中，借助各种各样的教学方法，以此充分地调动学习者的身体器官参与教学之中，令学习者能够更加快速、熟练地掌握所学的内容。

学习者在整个气排球教学及气排球技能训练的过程中，需要充分地利用自身的思维、感知、记忆及想象力，来开展一些在学习过程中所必需的基础准备活动。在整个学习过程中，学习者通过利用自身的视觉、听觉、触觉等感官来对运动方向、力量大小及动作幅度等进行感知，以此获得一定的信息反馈，使自己能够完成所学习的技术动作。学习者通过重复练习运动技能，并在脑海中逐渐形成相应的动作定式，实现动作的自动化，这样才算是真正地掌握了教练所教授的动作技术。基于此，我们可以得知，教练只有选择了最为适合的教学方法，才能够有效地调动学习者的各个身体器官，使其高效地掌握各种动作，并在短时间内达到所制定的学习目标。

（二）时空功效性

整个体育教学活动共分为三个阶段，即开始阶段、发展阶段及结束阶段。教练与学习者之间的关系会在上述三个不同的阶段中展现出不同的行为特征。这些在体育教学活动中所展现出的行为特征在气排球教学过程中也同样会展现出来。因此，气排球教练要做到在教学的开展过程中，针对教练与学习者之间所存在的关系特征，合理地对教学方法进行选择，这样才能够充分地展现出教学方法本身所具有的真正作用，发挥出气排球教学方法的实际功效性。

1. 开始阶段

教练在气排球教学活动的开始阶段起着主导性作用，可以借助分析活动、示范活动及指导活动帮助学习者放松身体，初步掌握本节课所讲述的气排球动作。

2. 发展阶段

随着气排球教学活动的不断深入，教学主体也随之发生了改变。学习者借助于认知、分析和练习，熟练地掌握教练所传授的气排球知识及气排球技能。在这一学习过程中，学习者的主体性获得了十分显著的提升。

3. 结束阶段

在气排球运动教学的结束阶段，教练应当立足于实践，科学分析及评价学习者的学习情况，总结经验，反思不足，以此为后续的教学提供指导性意见，做好准备工作，以保证后续的教学可以高质量完成。

（三）动静交替性

由于学习者身体素质及体育教学规律的影响，体育课程的教学与训练应当严格遵循动静结合的原则。所谓的“动”便是技能教学与训练，“静”

便是合理的休息恢复。

在气排球的教学过程中，学习者如果训练量过大、过强，身体负荷超过自身的承受范围，又或者身体长时间处于疲劳状态，那么极有可能会导致运动损伤的产生，使学习效率下降。此时若想保证教学活动能够顺利地展开，则需要适当地为学习者安排休息时间。气排球教学活动需要注重运动与休息的结合，让学习者在教学过程中所消耗掉的体力得到一定的恢复，这对提高学习者的学习效率十分重要。

除此之外，还需要特别注意，这里所描述的休息并不仅是让学习者暂时停止所有的身体活动，其还可以是一种具有积极意义的休息，即通过一些较为轻松的体育活动，来消除学习者在体育训练过程中所积累的疲劳。气排球教练在安排学习者休息时，要将具有积极意义的休息与消极意义的休息进行结合，从而让学习者的休息获得更高的成效。

（四）实践操作性

体育教学方法与其他学科的教学方法相比，其本身最大的特点便是具有一定的实践操作性。气排球教学从属于体育教学，因此，二者之间存在紧密的联系。单从气排球教学方法的实践操作来分析，最为常见的一点便是所使用的教学方法不仅要做到适应气排球的教学实践，还要能够经受住气排球教学实践的检验，具体分析如下：

1. 体育教学的主要开展方式

在气排球教学中，体育教学的主要开展方式是组织学习者进行身体运动。基于此，教练在教学方法的选择与安排上，不能只选择仅适合讲授理论的方法，一定要结合气排球教学本身所具有的实践特点来选择，只有做到理论与实践相结合，才能促使学习者熟练掌握气排球运动的技能，并达到发展自身心理素质和运动智能的目的。

2. 实践是检验真理的唯一标准

众所周知，实践是检验真理的唯一标准。由此可见，判断气排球教学方法是否具有实践操作性，主要看所选用的教学方法能否经受住教学实践的检验。换句话说，只有将教学方法实际应用到教学过程中，才能够将教学方法的实际效果精确地判断出来。

（五）继承发展性

体育教学方法本身便是由体育教育者在教学实践中所积攒下来的经验总结，经过时间打磨而逐渐形成的具有丰富内容的体育教学方法体系。人们在继承先辈们所流传的教学方法的基础上，不断地提出更加新颖的教学方法，以此来不断地完善体育教学方法体系。

在现代气排球教学中，教练所采用的教学方法十分丰富。气排球教练一定要立足于实践，坚持适度原则，既不能过度相信现代化的教学方法，也不能盲目地对国外的教学方法进行生搬硬套。气排球教练应当在扬弃的基础之上不断地发展与创新，这样才能够在当今不断向前发展的大环境中，对气排球教学中所使用的教学方法进行有效的创新。

四、气排球教学方法的作用

教学方法作为教学活动众多组成要素之一，对教学活动的顺利进行具有不可忽视的作用。教学方法的影响贯穿于教学活动的始终，即便整个教学活动已经结束，教学方法为整个教学活动所带来的影响也是无法消除的，而这一点也是其他教学要素所无法替代的。在此，结合气排球教学实践成果及众多教学研究，本节将教练科学地选择与运用体育教学方法的意义提炼为以下三方面：

（一）有序完成气排球课程教学的任务

在整个气排球教学过程中，教学方法便是师生互动的连接点。因此，教练在教学中所选用的教学方法与师生存在密切的联系，关乎着气排球教学目标及教学任务能否真正实现。若是整个教学过程中缺少具有实效性、科学性的教学方法，那么便难以实现教学活动之初所设定的气排球教学任务。

（二）营造出积极向上的教学氛围

在气排球教学中，好的教学方法可以为教练教学、学习者学习营造一种积极、活跃的氛围。对于教练而言，这种良好的教学氛围可以激发教练更高的工作热情，促使教练以高涨的激情投入工作中，从而取得优异的教学成绩。反过来，优异的教学成绩也能进一步刺激教练全身心地投入工作之中。对于学习者而言，这种良好的学习氛围能够充分地感染学习者的学习态度，引导学习者积极自主地参与学习中，从而形成一种良性循环。综上可知，好的教学方法对整个教学活动具有十分重要的作用。倘若气排球教练能够选择正确的、切实可行的教学方法，便能够使学习者更加信赖教练，对教练所提出的意见产生积极的态度，而非应付态度，这种良好的氛围无疑会鼓舞教练，并在教学中显著提高气排球教学的效率，从而为营造良好的教学氛围、师生的和谐相处提供基础保障。

（三）推动学习者实现均衡发展

教练在进行气排球教学时，所选用的教学方法应当是合理的、科学的。在整个实践过程中，气排球教练采用科学的教学方法来对学习者进行气排球教学，有益于学习者的身心健康发展。倘若选择的教学方法既不科学，也不合适，便会产生一种消极影响，严重阻碍学习者的身心发展。

单从学习者身体素质发展的形式来分析，在整个气排球教学活动中，教练需要通过让学习者练习课堂中所学的气排球技术动作来达到提升身体素质的目的。因此，教练在教学过程中，不仅要对学习者讲授体育基础理论知识，还要积极地引导学习者进行训练实践，使学习者成为全方面发展的体育人才。

从学习者的心理发展来分析，气排球教学能够对学习者的心理状态、情感发展、意志培养等起到特殊作用。而教学方法是否具有科学性决定气排球教学能否培养学习者拥有优良品德和坚强意志。因此，教练在教学过程中，一定要注意选择对学习者健康心理的建设具有积极影响的教学方法。

第二节　气排球课程教学中常用的教学方法

一、语言教学法

语言教学法，是指教练在气排球教学活动中借助语言来对学习者进行指导，从而达到教学效果的教学方法。若教练能够在教学过程中正确地使用语言来帮助学习者理解课堂教学任务及教学目标，那么便能够有效地促进学习者更加深入地掌握教练所传授的体育知识及体育技能。因此，气排球教练在开展体育教学的过程中，需要注意说话技巧。教练在体育教学过程中常用的语言教学法分别有讲解法、口令和指示法、口头评价法、口头汇报法等。

（一）讲解法

讲解法，是指教练将该堂课中所要教授的动作要领、方法和规则要求等相关知识借助口头语言来向学习者进行详细说明。这一方法是所有学科教练进行教学时经常采用的一种语言教学方法，气排球教学也不例外。具体来说，气排球教练在运用此种教学方法进行教学时应当注意以下五点：

1. 明确自己的讲解目标

气排球教练应当明晰自己的教学目标，知道自己在该阶段的教学重点及难点。根据教学内容、学习者特点等，设置难度适宜的教学任务，以此来帮助学习者在有限的时间内尽可能掌握气排球教学的重点和难点。

2. 讲解的内容应当正确

气排球教练在讲解时，应当注意自己所讲内容的正确性，即不管所讲内容是技术动作还是理论知识，都要做到科学正确、规范合理。

3. 讲解要生动、简明、重点突出

气排球教练在气排球教学中，为了让学习者更充分地理解所讲授的动作技术，讲解语言一定要注意做到生动、简明、重点突出。生动，即教练的语言要具有画面感，让学习者可以正确理解气排球技术动作；简明，即教练的语言表达要简单，避免太过复杂，表达要准确，避免词不达意；重点突出，即教练的语言一定要始终围绕教学的目标、教学的重点展开。

4. 重视讲解的关联性

在讲解的过程中，气排球教练需要注重所教授内容的前后关联性，不能将基础知识与技术动作割裂开来，注重培养学习者的发散性思维与创造性思维，令学习者能够在之后的学习过程中做到融会贯通、举一反三，更好地理解所学习的相关知识，从而真正做到学以致用。

5. 注重讲解的时机和效果

在整个讲解过程中，气排球教练要注意做到具体问题具体分析，即在合适的时间安排合适的内容。例如，课前，气排球教练可安排一些热身运动；课中，气排球教练可以以学习者的运动能力为基础，根据教学计划安排难度适宜的教学内容；课后，气排球教练一定要注意安排一些放松运动，来帮助学习者放松肌肉，避免运动损伤。合适的时机安排合适的教学内容，不仅有益于培养学习者的运动兴趣，还有益于发挥学习者的主动性，达到事半功倍的效果，从而真正实现气排球运动教学效果的最大化。

（二）口令和指示法

气排球教练在进行气排球教学的过程中，可以借助各种口令或者指示帮助教学，如“立正”“跑”“向左、右转”等。这些口令不仅十分简捷，还十分明了，可以帮助教练更好地指导学习者进行动作技术的练习。教练在运用这些口令及指示时，要注意声音洪亮且有气势，保证最后一排学习者也可以清晰地听到。

（三）口头评价法

口头评价法也是教学中经常用到的一种语言方法。教练可以借助口头评价法，对学习者的学习掌握情况及课堂表现进行评价，从而有效地促进学习者进步。

口头评价法分为积极评价与消极评价两种。积极评价是对学习者进行正面鼓励，这种评价有益于帮助学习者树立自信心，能够有效地激发出学习者的学习积极性，从而更好地促进教学活动的深入开展；消极评价即对学习者进行否定性评价，这种评价方式通常是对学习者自身的不足进行点评，使其能够清楚知晓自己的不足，明白自己的提升方向。教练在使用这种评价的时候要着重注意自己的语气与口气，以免因伤害到学习者的自尊而产生反作用。

（四）口头汇报法

口头汇报法要求学习者根据教学内容，向教练说明自己的学习心得，以及对教练所讲授的教学内容等方面有哪些不清楚的地方。口头汇报法的运用有益于气排球教学的顺利进行。一方面，教练可以借助学习者的口头汇报，发现自己在教学过程中的不足之处，并以此为依据，不断地调整自己的教学方法、完善自己的教学内容、改善自己的教学计划等；另一方面，口头汇报法不仅能够提升学习者的语言表达能力，还能够充分地调动学习者的自主思考能力，使其能够更加深入地了解教练所教授的教学内容。

二、直观教学法

直观教学法作为体育教学中比较常见的一种教学方法，借助于形象直观的方法来引起人体相应器官的感知，最终实现教学目的。教学中常用到的直观教学法一般有动作示范法、直观教具与模型演示法、助力与阻力教学法等。上述几种教学方法在气排球教学之中的具体应用方式如下：

（一）动作示范法

气排球教练在运用动作示范法进行教学时，可以亲自示范，也可以指定某一位学习者示范。示范的时候需要注意以下几点：

1. 教练要带着明确的目的性进行动作示范，因此，示范需要结合学习者的特点及该堂课的教学内容进行，同时，还要注意动作示范的次数及速度等。

2. 教练在课堂中为学习者所示范的动作，不仅要做到准确、优美、熟练，还要做到简单、明了，让学习者不会产生畏惧感。

3. 教练在示范的时候需要重点注意自己所选择的位置与方向。具体来说，除了要以具体的动作性质、场地器材布局、学习者队形、要求观察的部位、安全要求、卫生要求等作为位置与方向的选择基础外，教练还要尽可能地避免学习者出现直面阳光及迎着大风观看教练示范动作的情况。

（二）直观教具与模型演示法

直观教具与模型演示法，是指教练借助图表、照片及模型等较为直观的途径来进行辅助教学的方法。这种方法有利于学习者更加清晰地理解教练所讲授的知识与技能。

（三）助力与阻力教学法

助力与阻力教学法，是指气排球教练在整个气排球教学过程中借助外力，使学习者通过自身的触觉及肌肉来清楚地感受所学动作。其主要包括动作的用力时机、用力大小、用力方向、动作时空特征等。助力与阻力教学法在整个气排球教学过程中主要应用于动作教学中，其主要目的便是帮助学习者熟练地掌握气排球教练在课堂中所教授的气排球动作。

三、发现式教学法

发现式教学法主要是通过积极培养学习者的创造性思维，引导学习者以发现的步骤来进行学习的一种教学方法。该教学方法适用于具有好奇、好动等心理特点的学习者，它以发展学习者的创造性思维为目标，以解决问题为中心，以结构化的教材为内容，使学习者通过再发现进行学习。

（一）发现式教学法的教学步骤

1. 气排球教练先提出与教学内容相对应的问题，或者是建设与之相对应的学习情境，当学习者遭遇到仅凭自己所无法解决的问题及困难的时候，再帮助学习者继续前进。

2. 学习者通过一系列练习，初步掌握气排球技术动作的基本原理与基本方法。

3. 气排球教练组织学习者分组讨论，提出相应的假设，并且在相应的实践验证之后，最终得出共同的结论。

（二）气排球教练运用发现式教学法的注意事项

1. 气排球教练要善于提出与教学内容相对应的一系列问题，并借助相应教学场景的创设，来充分地调动学习者的学习兴趣及学习积极性。

2. 气排球教练在教学过程中所提出的问题需要与学习者自身的能力相适应，进而使学习者可以根据自己所获得的知识及经验来探索所需要的答案。

3. 气排球教练要抓住教学中的重点及难点，只有这样才能够充分地引导学习者对重点内容开展积极的思考，从而在思考的过程中通过自己的努力寻找到解决问题的方法，进一步促进学习者创造性思维的发展。

4. 气排球教练在教学过程中要严格遵循由浅入深、由易到难、由抽象到具体的基本教学原则，以此确保整个教学环节全部符合学习者的认知规律。

四、完整法与分解法

（一）完整教学法

完整教学法指的是从教学开始到教学结束，按照既定的计划，完整地实施整个技术动作的教学和练习的方法。通常气排球教练在教授难度不大的技术动作、没有办法进行分解的动作技术，以及最初进行动作示范的时候，所采用的教学方法是完整教学法。完整教学法能够充分地展现出动作的协调性、动作的结构、动作的变化等特点，同时也能清楚地将各动作之间的联系展现出来。但是，该种教学方法并不适用于较为复杂的动作技术教学。

气排球教练在教学实践过程中，借助完整教学法来进行教学的时候要特别注意以下两点：其一，气排球教练在运用完整教学法时应当做到与讲解法一起使用。气排球教练在课堂中讲解完一个简单且易于操作的动作之后，随即要对所讲解的动作进行示范，以此确保学习者在讲解与示范结束后，能够顺利地完成整个动作的练习。其二，气排球教练要在教学过程中对重点内容反复进行强调。气排球教练在向学习者传授教学复杂的动作技术之后，在让学习者进行完整的动作练习时，尤其要对该动作容易出现错误的部分进行强调。在必要的时候，还可将其单独挑选出来让学习者反复练习。

（二）分解教学法

分解教学法，是指将一个完整的动作划分成几个小部分，从而使学习者一步一步地掌握完整的动作。这种教学方法通常用于难度比较大且可以进行动作分解的教学内容。教练运用该教学方法的主要目的是降低动作技术的整体难度，使学习者能够更轻松地学好该部分教学内容。

气排球教练在教学过程中运用分解教学法时需要注意以下几点：第一，气排球教练要充分结合气排球动作技术的特点，运用合理的方式来对教学内容进行分解。第二，气排球教练在教授气排球技术与战术的分解时，要充分考虑各部分内容的内在联系，不可以损坏动作结构的完整性。第三，气排球教练在教授气排球的技术与战术时，要清楚地认识到各个部分动作内容在整个动作之中的地位与作用，从而为最后动作的合并做充足准备。第四，气排球教练分解气排球技术与战术动作的前提条件是自身已经建立起了完整的动作概念。

五、竞赛教学法

竞赛教学法的主要目的是检验气排球教练的教学成果，进一步提高学习者的技术水平。竞赛教学法是让学习者将所学的动作技术实际运用出来的过程，可以促进学习者深入掌握相应的动作技术。竞赛活动的开展，不仅可以培养学习者的随机应变能力，还可以促进学习者提高自身的心理素质和意志品质等。

气排球教练在气排球运动的教学实践过程中，使用竞赛教学法来教学的时候应当做到以下几点：

1. 气排球教练要清楚地认识到自己运用竞赛教学法的目的。气排球教练在运用竞赛教学法教学时，无论是确定教学内容、选择竞赛方法还是评判竞赛结果等，都要做到以教学目标为基础。

2. 气排球教练需要对学习者进行合理的配对与分组。不管是 1 对 1 的比赛，还是多人对多人的比赛，气排球教练都要根据比赛双方的具体实力来进行划分，尽可能为学习者创造出公平的比赛格局。

3. 气排球教练举办竞赛活动的时机，应当是在学习者对所学气排球动作技术的掌握已经比较熟练之后。

4. 在气排球竞赛活动结束后，气排球教练除了要对学习者在竞赛中所展示的动作技术给予客观性的评价外，还要指出学习者的动作技术需要改善的地方及改善的具体方法。

参考文献

[1] 罗俊波 . 气排球训练教程 [M]. 广州：华南理工大学出版社，2021.

[2] 张建 . 气排球运动基础教程 [M]. 沈阳：东北大学出版社，2021.

[3] 杨兴美 . 气排球运动 [M]. 天津：天津科学技术出版社，2020.

[4] 陈菲菲 . 新时期高校气排球教学的革新与探索 [M]. 长春：吉林大学出版社，2020.

[5] 刘智华 . 气排球运动与方法 [M]. 长春：吉林大学出版社，2019.

[6] 韦军湘 . 气排球运动 [M]. 桂林：广西师范大学出版社，2018.

[7] 陈向 . 气排球运动理论与实践研究 [M]. 长春：吉林大学出版社，2018.

[8] 曾黎，邹斌平，王金稳 . 气排球基础教程 [M]. 成都：西南交通大学出版社，2018.

[9] 安琪 . 气排球运动教程 [M]. 北京：人民体育出版社，2018.

[10] 胡文秀 . 气排球运动发展与科学训练研究 [M]. 北京：中国商务

出版社，2017.

[11] 唐立 . 气排球在高校体育教学中的应用研究与实践 [M]. 长春：吉林大学出版社，2017.

[12] 陈东 . 高校气排球教学的探索 [J]. 科技风，2018（33）：227.

[13] 梁 懿 . 关于高校气排球教学的探索 [J]. 年轻人，2019（33）：84.

[14] 林进清 . 高校排球选项课使用气排球教学实践探索 [J]. 体育风尚，2021（5）：170-172.

[15] 孟祥明 . 基于 O2O 模式下高校体育气排球教学改革探索 [J]. 冰雪体育创新研究，2023（7）：185-188.

[16] 赵欣 . 高校休闲体育专业气排球教学研究 [J]. 年轻人，2020（14）：67.

[17] 范鸿雁 . 翻转课堂在高校气排球教学中的实践应用研究 [J]. 陇东学院学报，2023（5）：140-144.

[18] 陈忠军 . 广西高校气排球教学面临的困境与对策研究 [J]. 运动精品，2020（6）：32-33.

[19] 尹沛，王霞 . 高校气排球教学的可行性分析 [J]. 当代体育科技，2018（20）：38-40.

[20] 曾春妮 . 广西学校开展气排球教学的可行性分析 [J]. 体育风尚，2020（3）：115-116.

[21] 韩宝昌 . 分层教学法在高职气排球教学中的应用研究 [J]. 当代体育科技，2022（27）：56-58.

[22] 蔡利燕 . 高校气排球教学的可行性探究 [J]. 环球市场，2018（26）：220-221.

[23] 毛亚杰 . 高校气排球教学与训练中的心理训练研究 [J]. 文体用品与科技，2019（23）：209-210.

[24] 高飞 . 南昌市高校气排球教学现状的调查分析 [J]. 卷宗，2019（5）：197-198.

[25] 白雪，令狐昌琴 . 高校气排球教学中的问题与措施分析 [J]. 文体用品与科技，2019（11）：81-82.

[26] 茅菊兰，潘莉 . 高校气排球教学存在的问题及改进建议 [J]. 文体用品与科技，2019（11）：107-108.

[27] 韩世昊 . 试论如何运用比赛法开展气排球教学 [J]. 长江丛刊，2019（7）：135-136.

[28] 李晟 . 基于休闲体育理念的职业院校气排球教学分析 [J]. 科学咨询，2018（45）：120.

[29] 陈筠，罗文全 . 我国高校气排球教学可行性分析 [J]. 运动，2018（16）：91-92.

[30] 王军力 . 分层教学法在高职气排球教学中的应用研究 [J]. 科技资讯，2020（20）：106-108.

[31] 吴永刚 . 高校开展气排球教学的可行性研究 [J]. 当代体育科技，2018（7）：99-100.

[32] 程仕武，刘志红 . 黔南师院气排球教学开展的现状调查分析 [J]. 体育科技，2018（6）：112-113.

[33] 黄明熙 . 教学改革高校气排球教学实践探索 [J]. 体育世界 (学术版)，2018（7）：19-20.

[34] 高政，李荣惠 . 基于休闲体育理念的高校气排球教学规范研究 [J]. 体育风尚，2018（4）：149.

[35] 辛娟娟 . 基于休闲体育理念的高校气排球教学规范研究 [J]. 运动，2018（2）：90-91.

[36] 李艳平 . 关于高职院校开展气排球教学对终身体育意识培养的利弊分析 [J]. 新教育时代电子杂志 (教练版)，2019（14）：196.

[37] 朱清华，贾昊臻 . 基于“O2O”模式下高校体育气排球教学改革探索 [J]. 当代体育科技，2019（16）：4，6.

[38] 李毅 . 高校学习者进行气排球教学的可行性探讨 [J]. 现代交际 (学术版)，2017（14）：21-22.

[39] 于杰，王丹，赵时 . 分层次教学理念在高校气排球教学中的应用 [J]. 当代体育科技，2019（1）：112，114.

[40] 童志波 . 浅析生物力学在气排球教学与训练中的运用及作用 [J]. 科教导刊 (电子版)，2017（34）：211.

[41] 许雷 . 浅析教学改革下高校气排球教学中的探索与实践 [J]. 当代体育科技，2017（29）：100，102.